DESTACAMENTO DE TRABALHADORES
Dumping social e os desafios à afirmação do espaço social europeu

SALVADOR FRANCO DE LIMA LAURINO

Desembargador do Tribunal Regional do Trabalho da 2ª Região, em São Paulo.
Mestre em Direito Processual pela Faculdade de Direito da
Universidade de São Paulo. Especializou-se no Instituto de Direito
do Trabalho da Faculdade de Direito da Universidade de Lisboa.

DESTACAMENTO DE TRABALHADORES
Dumping social e os desafios à afirmação do espaço social europeu

LTr®

EDITORA LTDA.

Rua Jaguaribe, 571
CEP 01224-001
São Paulo, SP — Brasil
Fone: (11) 2167-1101
www.ltr.com.br

Produção Gráfica e Editoração Eletrônica: Peter Fritz Strotbek
Projeto de Capa: Fabio Giglio
Impressão: Forma Certa

LTr 4891.9
Novembro, 2013

Dados Internacionais de Catalogação na Publicação (CIP)
(Câmara Brasileira do Livro, SP, Brasil)

Laurino, Salvador Franco de Lima
Destacamento de trabalhadores : *dumping* social e os desafios à afirmação do espaço social europeu / Salvador Franco de Lima Laurino. — São Paulo : LTr, 2013.

Bibliografia.
ISBN 978-85-361-2736-1

1. Direito do trabalho 2. Direito do trabalho — Europa 3. Direito internacional privado 4. Direito social 5. Relações de trabalho — Europa I. Título.

13-10569 CDU-341:331

Índice para catálogo sistemático:

1. Direito internacional do trabalho 341:331

Para Ana Rute e Sara,
as 'miúdas giras' que encontrei
numa livraria de Lisboa.

Sumário

"O século XXI começou mal para a Europa e o Ocidente. Em 2001, o 11 de setembro marcou um rumo dos acontecimentos que poucos imaginariam no final do século anterior. O otimismo associado à queda do muro de Berlim (1989) e ao fim da Guerra Fria, já abalado pelas guerras sangrentas que puseram fim à ex-Iugoslávia, dissipou-se rapidamente. A crise financeira iniciada em 2007/2008 nos EUA e que alastrou, em seguida, para a Europa, transformou-se na crise mais grave do pós-Segunda Guerra Mundial, adensando, ainda mais, o clima de pessimismo. A União Europeia e a zona euro ficaram no centro do turbilhão, de uma forma provavelmente surpreendente mesmo para os mais céticos em relação às suas virtudes. Os europeus veem agora o seu nível de vida e regalias sociais em constante ameaça de retrocesso. Quase tudo o que era dado como certo pelas sucessivas gerações do pós-Segunda Guerra Mundial, sobretudo a partir dos anos 60 do século XX, começou a ser posto em causa." (JOSÉ PEDRO TEIXEIRA FERNANDES. *A Europa em crise*. Vila do Conde: Quidnovi, 2012, p. 10)

"Tra la fine del 2007 e l'inizio del 2008 il diritto comunitario del lavoro ha vissuto una stagione culturale destinata a suscitare entusiasmi e preoccupazioni, critiche e consensi. In ogni caso si tratta di um breve lasso temporale che ha bruscamente risvegliato l'attenzione dei giuristi del lavoro a non solo di essi. E non è detto che sai finita, anzi si direbbe che il dibattito è appena cominciato. La ragione è che — ciclicamente ma inesorabilmente — il diritto del lavoro vede affiorare le due culture che lo hanno da sempre animato e che in esse si contrappongono: quella istituzionale-mercantile, incarnata nel sistema delle imprese, e quella soggettivo-solidaristica del mercato del lavoro. Entrambe identificano interessi diversi e strutturalmente antagonisti ed i giuslavoratori spesso devono decidere da che parte stare. Ma non è detto che stare da uma parte significhi ignorare le 'ragioni degli altri', come dire che ogni scelta va effettuata com onestà intellettuale, motivata razionalmente e argomentata in modo giuridicamente impeccabile." (BRUNO VENEZIANI. *Il conflito sbilanciato* — libertà economiche e autonomia colletiva tra ordinamento comunitario e ordinamenti nazionali. Org. Aurora Vimercati. Bari: Cacucci, 2009, p. 15)

Apresentação

Este pequeno livro começou a ser escrito na passagem de 2009 para 2010, originalmente como monografia para a conclusão do curso de especialização no Instituto de Direito do Trabalho da Faculdade de Direito da Universidade de Lisboa, em que o tema escolhido foi o destacamento de trabalhadores na União Europeia.

As inesperadas implicações do assunto alargaram o objeto da pesquisa, que se voltou para o propósito de investigar a relação entre a jurisprudência do Tribunal de Justiça da União Europeia sobre destacamento de trabalhadores e o conjunto de obstáculos que desafia a afirmação da dimensão social do projeto europeu.

Embora a monografia tenha sido entregue e aprovada no final de 2010, a pesquisa prosseguiu durante os anos de 2011 a 2013, período que coincidiu com o aprofundamento da crise financeira desencadeada pela quebra do banco "Lehman Brothers" e o consequente agravamento de problemas de ordem social na Europa.

O resultado da investigação são esses apontamentos sobre o direito social europeu e as dificuldades que desafiam a estrutura de um modelo social que, além de integrar a própria identidade europeia, representa importante referência no processo histórico de afirmação dos direitos sociais.

A interdependência entre os acontecimentos no mundo globalizado torna a crise europeia um capítulo importante na história dos direitos sociais, o que confere a essas anotações alguma utilidade para todos que, mesmo além das fronteiras da Europa, preocupam-se com o futuro dos direitos fundamentais.

1. O destacamento de trabalhadores como microcosmo dos desafios à afirmação do espaço social europeu

A atual jurisprudência do Tribunal de Justiça da União Europeia sobre destacamento transnacional de trabalhadores, formada por um conjunto de decisões proferidas entre dezembro de 2007 e abril de 2008 — acórdãos *Viking*, *Laval* e *Rüffert* —, é um espelho dos obstáculos que se colocam no caminho de afirmação do espaço social europeu.(1)

A assimetria de regulação da União Europeia, em que os dois pilares fundamentais da integração — *mercado comum* e *moeda única* — convivem com a fragmentação nacional dos regimes fiscais, de direito do trabalho e de segurança social; o difícil processo de harmonização dos sistemas de direito do trabalho dos recém-chegados países do Leste com os antigos membros da União Europeia, cujos interesses em matéria de liberdade de prestação de serviços são divergentes; a crescente valorização dos direitos sociais fundamentais no âmbito do direito comunitário, concebido para regular e proteger os interesses dos operadores econômicos, são algumas das tensões do projeto europeu que estão refletidas na jurisprudência do Tribunal de Justiça.(2)

---

(1) "Destacamento transnacional de trabalhadores " ou, simplesmente, "destacamento de trabalhadores" é a situação em que o empregador envia os seus trabalhadores para uma prestação de serviços em país da União Europeia diferente daquele em que está estabelecido, sendo que, depois de concluída a missão, eles retornam à atividade no Estado de origem do empregador (v. *infra*, n. 9). Além de enfrentarem problemas que despertaram grande interesse da doutrina, duas circunstâncias agregam importância a esses acórdãos. Primeiro, a intervenção de numerosos Estados-membros nos processos. Segundo, a autoridade da composição do órgão julgador, já que os dois primeiros casos foram julgados pela Grande Seção, formada por treze juízes, incluindo o presidente do tribunal. Em termos sintéticos, debateu-se o ponto de equilíbrio entre o direito de greve e de atuação coletiva dos sindicatos com algumas liberdades econômicas consagradas nos Tratados. As diferenças entre os sistemas de proteção social dos Estados envolvidos - os de *origem* e os de *destinação* dos trabalhadores - levou o tribunal a considerar o risco do *dumping* social na prestação transnacional de serviços. Ainda assim, concluiu que a possibilidade dos Estados-membros estenderem a sua legislação social aos trabalhadores destacados de outro Estado-membro, ao fim de realizar a máxima tutela possível do trabalhador, é ilegítima se traduzir restrição à liberdade de prestação de serviços das empresas (Cf. INGRAVALLO, Ivan. La Corte di giustizia tra diritto di sciopero e libertà economiche fondamentali. Quale bilanciamento?, *in Il conflito sbilanciato – libertà economiche e autonomia colletiva tra ordinamento comunitario e ordinamenti nazionali.* Org. Aurora Vimercati. Bari: Cacucci, 2009. p. 35-36).

(2) Cf. CARABELLI, Umberto. *Europa dei mercati e conflito sociale.* Bari: Cacucci, 2009. p. 113; RODRIGUES, João; MAMEDE, Ricardo Paes. Neoliberalismo e crise do projecto europeu. *In: Le Monde Diplomatique*, edição portuguesa, jul. 2007. "O contexto social complexo da actualidade é fruto de 'dramáticos' *choques*

O ponto de partida do presente estudo é uma breve descrição da arquitetura institucional da União Europeia, com destaque para os elementos estruturantes do direito comunitário.(3) Em seguida, examina-se o percurso de afirmação do direito social no projeto de integração europeia, o regime jurídico do destacamento de trabalhadores e a evolução da jurisprudência do Tribunal de Justiça na matéria. Por fim, segue-se a reflexão sobre o significado dos acórdãos *Viking*, *Laval* e *Rüffert* no porvir do espaço social europeu.

---

endógenos, ou seja, gerados pela própria União Europeia, como o aprofundamento do mercado interno, a União Económica e Monetária e a dimensão dos mais recentes alargamentos, acompanhados de *choques exógenos*, como a globalização, a expansão do sector de serviços, os custos da dependência energética e a instabilidade dos mercados financeiros. Em face deste enquadramento, ganha corpo a percepção de que as políticas e as instituições europeias, desenhadas em meados do século XX, parecem incapazes de responder aos desafios da economia contemporânea, o que representa a erosão dos fundamentos normativos da construção europeia. O problema do 'défice social' do projecto de integração é afinal um problema de 'legitimação' enquanto capacidade de um sistema criar e manter a convicção de que as respectivas instituições são as mais adequadas para uma dada sociedade. Superar essa crise de legitimidade passa pela construção de um modelo europeu capaz de operar uma articulação eficaz entre o sistema económico e o tecido social da Europa." (FREIRE, Paula Vaz. A União Europeia em busca de um modelo de economia social de mercado. *In: Estudos em homenagem ao Professor Doutor CUNHA, Paulo de Pitta*. I. Coimbra: Almedina, 2010. p. 1.027)

(3) Apenas por comodidade de linguagem será utilizada a locução "direito comunitário", uma vez que o art. 2º, n. 2, alínea *"a"* do Tratado de Lisboa dispõe que os adjetivos "comunitário", "comunitária", "comunitários" e "comunitárias" são substituídos em todo o Tratado por "da União". Nas palavras de Maria Luisa Duarte: "Cumpre lamentar a opção absurda de que foi a eliminação do texto dos Tratados do termo 'comunitário' e derivados, substituídos pela expressão 'da União'. Um preciosismo nominalista que contradiz a adquirida coerência da União Europeia que lhe é dada, justamente, pela extensão do método comunitário a todas as áreas de intervenção previstas nos Tratados. (Cf. O Tratado de Lisboa — uma visita guiada ao novo estatuto jurídico da União Europeia. *In: Estudos sobre o Tratado de Lisboa*. Coimbra: Almedina, 2010. nota n. 37, p. 28)

2. A União Europeia: dos tratados fundadores ao Tratado de Lisboa

O processo de integração europeia nasceu de um anseio de paz, dos receios de outra guerra em escala continental. Entre 1914 e 1945, os conflitos resultantes de nacionalismos extremados deixaram o continente em escombros. No começo dos anos 1950, a Guerra Fria já ensombrava a Europa com a ameaça de outro confronto bélico, opondo os países do Leste aos do Oeste.[(4)]

Na perspectiva dos "pais fundadores" da União Europeia,[(5)] a solução para o ambiente de tensão do pós-guerra dependia das relações entre França e Alemanha, inimigos recentes em que se depositava a esperança de uma paz duradoura.[(6)] O entendimento veio por meio de um interesse comum envolvendo o mercado do carvão e do aço, que deu origem ao Tratado de Paris, celebrado em 18 de abril de 1951. Daí resultou a *Comunidade Europeia do Carvão e do Aço*, que, além de França e Alemanha, tinha como integrantes a Itália, a Holanda, a Bélgica e Luxemburgo.[(7)]

Descartada a hipótese de uma integração política imediata,[(8)] o projeto avançou pelo campo econômico, mediante a formação de um mercado comum baseado na supressão de direitos aduaneiros e na eliminação de restrições às trocas comerciais.

---

(4) Cf. PAIS, Sofia Oliveira. *Estudos de direito da União Europeia*. Coimbra: Almedina, 2012. p. 8. "Se a construção europeia, tal como se desenvolve desde há cinquenta anos, foi a primeira a ter permitido avanços concretos no sentido de uma unificação da Europa, numerosos projectos de organização do contintente europeu precederam-na. Tinham como objectivos garantir a este conjunto a estabilidade, a prosperidade e a paz entre os seus elementos, como o projeto para tornar a paz eterna, proposto pelo abade de Saint-Pierre aquando das negociações de Utrecht (1713-1715), a proposta de Vítor Hugo de dar origem aos Estados Unidos da Europa perante o Congresso da Paz de 1849, ou ainda a União Pan-Europeia proposta por Coudenhove-Kalergi, em 1923. Todos esbarram, porém, com a ausência de vontade dos Estados-Nações europeus de se envolverem numa unificação impositiva. Será preciso esperar pelo fim da Segunda Guerra e pela pressão conjugada da devastação do continente europeu e do início da Guerra Fria para que os projectos de união dos Europeus passem realmente para a ordem do dia." (Cf. NIVET, Bastien. *Atlas das relações internacionais*. Coord. Pascal Boniface. Lisboa, 2009. p. 110)

(5) Jean Monnet, Robert Schuman, Konrad Adenauer, Alcide de Gasperi e Paul Spaak são considerados os "pais fundadores" da União Europeia (Cf. ANTONIO JULIO LEITÃO FERREIRA GOMES, *Os pais fundadores da Comunidade Europeia*. Coimbra: Quarteto, 2001. p. 27).

(6) Cf. SOARES, Antonio Goucha. *A União Europeia*. Coimbra: Almedina, 2006. p. 9-11.

(7) Cf. QUADROS, Fausto de. *Direito da União Europeia.* Coimbra: Almedina, 2009. p. 37-38.

(8) Desde o início, a integração política foi um processo conflituoso e tumultuado. Em 1954, o fracassado projeto de implantação da *Comunidade Europeia de Defesa* — CED foi o primeiro grande exemplo das dificuldades do caminho. "Este avanço significativo no sentido da cooperação política e militar entre os 'seis' não conseguiu vingar devido à oposição de uma parte importante das forças políticas francesas. Os chamados 'gaullistas' e os comunistas convergiram para bloquear a ratificação do segundo Tratado de Paris no parlamento da França, contra as forças liberais e socialistas, e tiveram sucesso na manobra.

Em 25 de março de 1957, o Tratado de Roma criou a *Comunidade Econômica Europeia*, composta pelos mesmos seis Estados que se associaram na Comunidade Europeia do Carvão e Aço e que, doravante, constituiria o eixo em torno do qual se organizaria a construção europeia.(9)

O projeto de integração realizar-se-ia de maneira gradativa, em linha com o *método funcionalista*, a chamada política dos "pequenos passos".(10) Enquanto a implantação do mercado comum ocorreria ao longo de um período de doze anos, as "quatro liberdades" previstas no Tratado de Roma — *liberdade de circulação de trabalhadores, liberdade de estabelecimento, liberdade de prestação de serviços* e *liberdade de circulação de capitais* — seriam concretizadas de maneira progressiva, conforme a autoridade comunitária fosse definindo as políticas para o funcionamento do mercado comum.(11)

O êxito do projeto dependia da vinculação dos governos nacionais aos objetivos europeus, o que se conseguiria por meio da tecnocracia e da persuasão das elites e dos grupos econômicos.(12) Estimou-se que a participação popular teria pouca relevância para o sucesso da integração europeia, estratégia que gerou uma frágil legitimidade democrática que, ainda hoje, é um dos pontos vulneráveis do projeto europeu.(13)

O fracasso da CED não impediu o reamarmento da Alemanha, que, por razões estratégicas diferentes, os promotores desse fracasso queriam evitar. A criação das forças armadas da República Federal da Alemanha (1954) e a adesão do país à OTAN (1955) acabaram por ser impostas pelos Estados Unidos da América, conduzindo à criação formal da Organização do Pacto de Varsóvia como resposta da esfera de influência soviética na Europa." (Cf. VALÉRIO, Nuno. *A história da União Europeia*. Lisboa: Presença, 2010. p. 73)

(9) "Depois do malogro da Comunidade Europeia de Defesa (CED), os 'seis' da CECA decidem relançar a construção europeia para uma aplicação do método funcionalista. Assinam o Tratado de Roma, em Março de 1957, que estabelece as bases de uma Comunidade Económica Europeia (CEE), assentando na instauração de um mercado comum e de instituições comuns inspirando-se nas da CECA, bem como na aplicação de políticas comuns, como a política comercial e a política agrícola comum." (Cf. NIVET, Bastien. *Atlas das relações internacionais*, cit., p. 110)

(10) "A criação da Comunidade Europeia do Carvão e do Aço (CECA) pelo Tratado de Paris representa a primeira concretização do chamado método de integração funcionalista, depois convertido em *método comunitário*, proposto pela Declaração Schuman, de 9 de Abril de 1950, e que podemos captar na fórmula atribuída a Jean Monnet e Paul Reuter: 'A Europa não se fará de um só golpe, nem numa construção de conjunto: far-se-á por meio de realizações concretas que criem em primeiro lugar um solidariedade de fato." (Cf. DUARTE, Maria Luisa. *O Tratado de Lisboa...*, p. 24)

(11) Cf. CAMPOS, João de Mota; CAMPOS, João Luiz Mota de. *Manual de Direito Europeu*. Coimbra, 2010. p. 56.

(12) "The legacy of the Monnet Plan was two-fold. Firstly, it established the notion of a technocratic approach: government action following the advice of experts... The second legacy of Monnet Plan was the mode of operation by the planning authority: a corporatist style, a process marked by *engrenage* involving networks of outside producer and interest groups... Indeed, the new mode of operation helped to set in motion a process of integration based on a combination of benevolent technocrats and interest-propelled economic groups to build transnational coalitions in support of European policies." (Cf. FEATHERSTONE, Kevin. Jean Monet and the democratic deficit in the European Union. *In: Journal of Common Market Studies*, v. 32, n. 2, p. 154-155, jun. 1994)

(13) V. *infra*, n. 4. A estrutura de governação da União Europeia configura um sistema policêntrico, fragmentado e interdependente, sem hierarquias claramente definidas, num modelo que é marcado por

As primeiras décadas do processo de integração foram marcadas pelo sucesso econômico.(14) A abolição dos direitos aduaneiros produziu resultados expressivos. No final dos anos 1960, o mercado comum já estava praticamente consolidado. A proximidade entre os níveis de desenvolvimento econômico dos Estados-membros e a conjuntura internacional favorável acelerou a obtenção dos benefícios associados à integração econômica, gerando elevadas taxas de crescimento e significativos aumentos de proteção social.(15)

A primeira crise do petróleo, nos anos 1970, levou à reversão das expectativas otimistas dos anos 1960. Seguiu-se uma fase de menor entusiasmo no caminho de integração, com os países a reagirem de maneiras divergentes perante as limitações decorrentes de economias em abrandamento.(16) Desde os anos 1980, a Europa exibe modestos níveis de crescimento econômico e enfrenta dificuldades para equacionar os problemas do desemprego e da baixa produtividade.(17)

As Comunidades conheceram sucessivos alargamentos a partir do núcleo original dos anos 1950. Em 1973, houve a adesão do Reino Unido, Dinamarca e Irlanda. Em 1980, ocorreu o ingresso da Grécia. Em 1986, foram aceitos Espanha e Portugal. Em 1995,

---

uma grande variedade de comitês públicos e privados voltados à regulação de políticas comuns; pelo predomínio de grupos de interesses, em especial grupos transnacionais e empresas multinacionais; pelo protagonismo dos tecnocratas e por regras do jogo democráticas diferentes do padrão do Estado nacional, em que o sistema de autorrepresentação de interesses setoriais sobrepõe-se ao sistema parlamentar. (Cf. MORATA, Francesc. Gobernanza multinivel em la Unión Europeia. *In: Anais do VII Congresso Internacional do Centro Latinoamericano de Administração para o Desenvolvimento — CLAD sobre a Reforma do Estado e da Administração Pública*. Lisboa, 8-11 out. 2002)

(14) "Na Europa Ocidental, as três décadas que se seguiram à derrota de Hitler foram 'gloriosas'. A notável aceleração do crescimento econômico foi acompanhada pelo início de uma era de prosperidade sem precedentes. No espaço de uma só geração, as economias da Europa Ocidental recuperaram o terreno perdido em quarenta anos de guerra e depressão e o desempenho econômico e os padrões de consumo começaram a assemelhar-se aos dos Estados Unidos. Menos de uma época depois de saírem dos escombros, hesitantes e inseguros, os europeus entraram, para seu grande espanto e com alguma consternação, na era da abundância." (Cf. JUDT, Tony. *Pós-Guerra — História da Europa desde 1945*. Lisboa: Ed. 70, 2007. p. 379)

(15) Cf. FREIRE, Paula Vaz. *A União Europeia em busca de um modelo de economia social de mercado*, cit., p. 1.025.

(16) Cf. PORTO, Manuel; GORJÃO-HENRIQUES, Miguel. O Tratado de Lisboa: a resposta adequada aos desafios da globalização? *In: Cadernos O Direito — Tratado de Lisboa*, Coimbra, Almedina, n. 5, p. 112, 2010.

(17) "A persistência temporal destes problemas indicia o seu carácter estrutural, ou seja, a dificuldade em construir um modelo de desenvolvimento ajustado às alterações dos padrões de produção e consumo, num contexto de globalização e de intensificação da concorrência internacional. Como resposta aos problemas do fraco desempenho econômico, a Europa tem adoptado uma estratégia de 'fuga para frente', no sentido de aprofundamento da integração económica: primeiro através do programa para o mercado único, a seguir com a criação da União Económica e Monetária, e depois com a ambiciosa 'estratégia de Lisboa', segundo a qual a economia europeia deveria, até 2010, ser a mais competitiva e inovadora do mundo [...] O aprofundamento da integração económica coexiste, assim, com a sedimentação da convicção de que existe uma relação directa entre as políticas da União e os problemas económicos e sociais, e de que os Estados, isoladamente, não tem a capacidade para os resolver." (Cf. FREIRE, Paula Vaz. *A União Europeia em busca de um modelo de* economia social de mercado, cit., p. 1.025)

aderiram Áustria, Finlândia e Suécia. Em 2004, entraram outros dez Estados da costa do Mediterrâneo e do Leste: República Checa, Chipre, Eslováquia, Eslovênia, Estônia, Hungria, Letônia, Lituânia, Malta e Polônia. Em 2007, juntaram-se a Bulgária e a Romênia. Em 1º de julho de 2013, com a adesão da Croácia, completou-se a formação atual de 28 membros.(18)

A versão originária dos tratados sofreu algumas modificações ao longo do tempo. Mas a primeira revisão de fundo ocorreu com o *Ato Único Europeu*, assinado em 28 de fevereiro de 1986. Com o objetivo de aprimorar o mercado comum, fixou-se um conjunto de ações no sentido de reforçar a coesão econômica e social.(19) Além de alterações de ordem institucional, em especial no Conselho Europeu,(20) o Tratado enfatizou o respeito pela democracia, pelo Estado de direito e pelos direitos fundamentais, exprimindo o propósito de ultrapassar o caráter essencialmente econômico das Comunidades.(21)

Em 1992, no cenário da queda do muro de Berlim, da derrocada do regime da União Soviética e das "democracias populares" da Europa Central e do Leste, foi aprovado o *Tratado da União Europeia*, em Maastricht.(22) Com a mais profunda

---

(18) Cf. CAMPOS, João de Mota Campos; CAMPOS, João Luiz Mota de. *Manual de Direito Europeu*, cit., p. 55.

(19) Cf. VALÉRIO, Nuno. *História da União Europeia*, cit., p. 104.

(20) "O Conselho Europeu não se encontrava previsto nos Tratados institutivos das Comunidades. Em bom rigor, ele nasceu da institucionalização das Cimeiras de Chefes de Estado e do Governo que tiveram lugar em Paris e em Bonn, em 1961, em Roma, em 1967, em Haia, em 1969, em Paris, em 1972, em Copenhague, em 1973, e, outra vez, em Paris, em 1974. Na última dessas Cimeiras, por proposta da França, ficou decidido que o Chefe de Estado francês e os Chefes de Governo dos outros então oito Estados-membros, acompanhados dos respectivos Ministros dos Negócios Estrangeiros, se reuniriam regularmente três vezes por ano para avaliar e impulsionar tanto a integração europeia como a cooperação política entre os Nove. Seria só com o Ato Único Europeu que essas Cimeiras passariam a ter fundamento jurídico nos Tratados." (Cf. QUADROS, Fausto de. *Direito da União Europeia*, p. 224-225)

(21) Cf. MARTINS, Ana Maria Guerra. *Manual de Direito da União Europeia*. Coimbra: Almedina, 2012. p. 87-90.

(22) Diante dos acontecimentos que ocorriam na Europa Central e Oriental, o presidente da Comissão, o socialista francês Jacques Delors, pediu a aceleração do processo de integração: *"A História está a acelerar-se e nós não podemos perder o comboio..."* Ele soube compreender um dos momentos históricos fundamentais do século XX: a demolição dos sistemas comunistas nos países da Europa central e do leste, cujo símbolo foi a queda do muro de Berlim em novembro de 1989, e a crise da União Soviética, que culminaria com a queda do regime comunista em 1991. Nesse mesmo ano, a ruptura da Iugoslávia trouxe a guerra de volta ao continente, depois de um período de paz que durava desde 1945. A primeira consequência foi a reunificação da Alemanha, em outubro de 1990. A República Federal Alemã, com 80 milhões de habitantes e 30% do PNB da Comunidade, tornava-se uma potência que superava o poderio econômico quer da França, quer da Grã-Bretanha. O presidente francês, François Mitterand, receoso do retorno de uma política hegemônica da Alemanha, decidiu apoiar um novo impulso ao processo de integração como meio de "ancorar" a Alemanha na Europa. O chanceler alemão, Helmut Kohl, fez o mesmo para vencer a desconfiança com que, em Paris e Londres, olhava-se a Alemanha reunificada. O impulso para a maior integração europeia foi o maneira de a Alemanha projetar o seu peso político no cenário internacional sem suscitar temor e hostilidade. Por outro lado, o "vazio de poder" que se criou na Europa central e do leste com a queda do comunismo e o desaparecimento da URSS fez com que a Comunidade surgisse como uma organização que garantia estabilidade a uma Europa em convulsão. As novas democracias que surgiram depois da queda do muro apressaram-se a encetar negociações com vista à adesão à Comunidade. Também ajudou no processo de integração a falta de estabilidade financeira e monetária que caracterizou este período. O *"crash"* da bolsa em 1987, que afetou as principais bolsas mundiais, bem como os problemas do Sistema Monetário Europeu, que acabaram por rebentar

revisão dos tratados de Paris e de Roma, o projeto europeu adquiria outra dimensão, em que se ampliavam os objetivos do processo de integração. Para além da matriz econômica, as Comunidades assumiam formalmente uma dimensão social e política, consagrando expressamente o objetivo de proteção dos direitos fundamentais.[23]

O Tratado da União Europeia entrou em vigor quando estava em curso a primeira fase do processo de implantação da *União Econômica e Monetária*, criada no Conselho Europeu de Madrid, em 1989. Era tempo de ajustar os instrumentos de caráter econômico e monetário com que a União enfrentaria os crescentes desafios que surgiam no plano interno e na ordem internacional. O processo culminou com a criação da *moeda única*, que, com o nome de *euro*, passou a circular em 1º de janeiro de 2002.[24]

Ao Tratado da União Europeia sucedeu o *Tratado de Amsterdam*, que entrou em vigor em 1º de maio de 1999. Aproximava-se o surgimento da moeda única e não convinha aprofundar as feridas abertas pelo Tratado da União Europeia, cujos avanços foram considerados excessivos por alguns Estados-membros. Mesmo assim, criou-se um "espaço de liberdade, segurança e justiça", expressão que se tornou emblemática para a União,[25] e, finda a resistência oferecida pelo Reino Unido em Maastricht, o "Acordo Relativo à Política Social" foi incorporado ao Tratado da União Europeia.[26]

---

em 1992, contribuíram para forçar os líderes políticos europeus a caminharem para a unidade europeia. Todos estes fatores concorreram para o grande passo que foi o *Tratado da União Europeia*. (Cf. <http://www.historiasiglo20.org/europortug/actounico.htm>. Acesso em: 22 out. 2011)

(23) Cf. RAMALHO, Maria do Rosário Palma. *Direito Social da União Europeia*. Coimbra: Almedina, 2009. p. 39. A estrutura jurídica do Tratado da União Europeia inspirou-se na forma de um templo grego, erigido sobre "três pilares". O "pilar central", chamado de "pilar comunitário", recolhido dos tratados comunitários nas suas diversas formas, abrangia as instituições e as competências supranacionais. Nele se representavam o mercado comum, a União Europeia, a União Econômica e Monetária, os fundos estruturais e de coesão. Os dois novos pilares, os chamados "pilares laterais", estariam baseados não em poderes supranacionais, mas na cooperação entre os governos. No primeiro pilar, aplicava-se o "método comunitário", ou seja, o processo por meio do qual a Comissão Europeia propõe uma medida que é adotada pelo Conselho (por maioria qualificada) e pelo Parlamento Europeu e cuja legalidade comunitária é assegurada pelo Tribunal de Justiça. No segundo e terceiro pilar aplicava-se o "método intergovernamental", sendo as decisões tomadas por unanimidade ao nível do Conselho, tendo a Comissão e o Parlamento um papel limitado (Cf. ALVARES, Pedro. *O Tratado de Lisboa e o futuro da Europa*. Lisboa: Comissão Europeia, 2010. p. 10).

(24) A *União Monetária* foi realizada por fases. Quando entrou em vigor o Tratado de Maastricht, em 1º de novembro de 1993, estava a ser cumprida a primeira etapa da implantação do projeto. Os Estados-membros já haviam realizado a liberalização do movimento de capitais e apresentados os chamados "programas de convergência" das respectivas economias. A segunda fase teve início em 1º de janeiro de 1994 e consistiu em um período de transição no qual se aprofundaram os esforços de convergência econômica, condicionante da viabilidade da União Monetária. Na terceira fase, as instituições europeias concluiram que a maioria dos Estados-membros satisfazia as condições necessárias para a introdução da moeda única. Instalou-se o Banco Central Europeu, instituição independente dos governos nacionais, e foram fixadas as paridades entre as moedas dos Estados-membros que iriam participar da nova moeda (Cf. CAMPOS, João de Mota Campos; CAMPOS, João Luiz Mota de. *Manual de Direito Europeu*, cit., p. 57).

(25) Cf. QUADROS, Fausto de. *Direito da União Europeia*, cit., p. 43.

(26) Cf. RAMALHO, Maria do Rosário Palma. *Direito Social da União Europeia*, cit., p. 39.

Com a aproximação de novos alargamentos a um amplo conjunto de países, sobretudo da Europa Central e do Leste, muito diferentes entre si e bastante diferentes dos quinze membros de então, tornou-se necessária outra revisão dos tratados para superar as dificuldades de ordem institucional que a ampliação da União suscitaria sem a correspondente adequação das disposições pertinentes aos processos de governação.(27)

Seguiu-se o *Tratado de Nice*, que passou a viger em 1º de fevereiro de 2003. Justificado pela prioridade estratégica do alargamento, sua principal contribuição consistiu na adaptação das instituições europeias de maneira a assegurar que elas funcionassem com eficiência mesmo após a entrada na União Europeia de mais dez Estados em 2004 e de outros dois em 2007.(28)

O Tratado de Nice definiu a convocação de uma conferência para debater o futuro da União, o que aconteceu com a "Convenção sobre o Futuro da Europa", da qual resultou a aprovação do projeto de tratado que estabelecia uma "Constituição para a Europa". Assinado em Roma, em 29 de outubro de 2004, o Tratado não venceu as resistências que lhe foram opostas e, em referendos realizados em maio de 2005, os eleitorados da França e da Holanda rejeitaram o projeto de Constituição Europeia.(29)

Em junho de 2007, após o chamado "período de reflexão",(30) o Conselho Europeu abandonou o projeto da Constituição Europeia e incumbiu uma nova Conferência Intergovernamental de preparar um "Tratado Reformador" dos tratados vigentes.(31) Em 13 de dezembro de 2007, em cerimônia realizada no Mosteiro dos Jerônimos, em Lisboa, o "Tratado Reformador" foi assinado pelos altos representantes dos então 27 Estados-membros e, com a "inspiradora designação" de *Tratado de Lisboa*, entrou em vigor em 1º de dezembro de 2009.(32)

---

(27) Cf. CAMPOS, João de Mota Campos; CAMPOS, João Luiz Mota de. *Manual de Direito Europeu*, cit., p. 58.

(28) Cf. ALVARES, Pedro. *O Tratado de Lisboa e o Futuro da Europa*, cit., p. 11.

(29) "A 18 de Julho de 2003, o presidente da 'Convenção sobre o Futuro da Europa', Valéry Giscard d'Estaing, entregava o texto definitivo do projeto de tratado 'Uma Constituição para a Europa' a Silvio Berlusconi, presidente do Conselho Europeu durante o segundo semestre desse ano. Durante a conferência de imprensa que se seguiu, uma mosca voava em torno do presidente da Convenção, tentando interrompê-lo no preciso momento em que ele falava dos eurocéticos que se opunham ao projeto. Aproveitando o momento em que a mosca pousou na mesa, Silvio Berlusconi esmagou-a com uma palmada seca sobre o volume encadernado do texto que acabara de lhe ser entregue. Valéry Giscard d'Estaing comentou com um sorriso irônico: 'Eis a primeira vítima da Constituição Europeia...' Era também a última" (Cf. ZILLER, Jacques. *O Tratado de Lisboa*. Alfragide: Ed. Texto, p. 17).

(30) Cf. ZILLER, Jacques. *O Tratado de Lisboa*, cit., p. 21.

(31) Ao chamar "Constituição" ao novo pacto, a Convenção virou as costas à "prudência semântica" que, com êxito, durante décadas, foi seguida na configuração original do recorte jurídico das Comunidades Europeias. Muito mais do que o verdadeiro conteúdo do tratado, a imprudência semântica ditou o seu destino, em uma situação de desfecho pedestre em que o "nome matou a coisa"... "Este episódio da história da integração europeia constitui, como sucedeu em 1954 com a rejeição da Comunidade Europeia de Defesa, um exemplo dos riscos que o projeto europeu corre com soluções de puro voluntarismo político, esvaziadas de músculo democrático, reduzidas à estética do nominalismo conceitual" (Cf. DUARTE, Maria Luisa. *O Tratado de Lisboa...*, cit., p. 9-11).

(32) Cf. DUARTE, Maria Luisa. *O Tratado de Lisboa...*, cit., p. 12.

O Tratado de Lisboa herdou a forma jurídica do Tratado de Roma, na versão resultante de Nice, e foi buscar o seu conteúdo na fracassada Constituição Europeia.(33) Por esse método, as disposições da Constituição foram enxertadas nos dispositivos de dois tratados já existentes — o *Tratado da União Europeia* (TUE) e o Tratado da Comunidade Europeia, que passou a se chamar *Tratado sobre o Funcionamento da União Europeia* (TFUE).(34)

Ainda que sem qualquer mudança radical, o Tratado de Lisboa inovou o estatuto jurídico da União Europeia. Em termos gerais, as disposições mais relevantes foram introduzidas nos seguintes temas: *i) personalização jurídica da União Europeia*, que surge como nova organização internacional com o estatuto de sujeito de direito internacional; *ii) sistema de competências* — ao mesmo tempo em que se alarga o espaço de atuação da União, os Estados-membros fixam limites políticos e jurídicos mais exigentes ao exercício desse poder; *iii) estrutura institucional e equilíbrio de poderes* — opera-se um conjunto de reformas com o objetivo de clarificar os poderes e funções das instituições europeias para o fim de lhes conferir maior efetividade e aprofundar a legitimação democrática; *iv) procedimentos de decisão* — o Tratado adota soluções que avançam em direção à simplificação, com democracia, transparência e maior eficácia na decisão; *v) elenco dos atos jurídicos da União e separação de funções* — acrescentam-se três novos atos normativos ao elenco tradicional dos atos comunitário — *ato legislativo, ato delegado* e *ato de execução* — e amplia-se o direito de participação do Parlamento na formação desses atos.(35)

Em matéria social, junto com a norma do art. 3º, n. 3, do TUE — pela qual a União Europeia assume o compromisso solene de tornar-se uma "economia social de mercado", "altamente competitiva que tenha como meta o pleno emprego e o progresso social" —,(36) merece destaque a norma contida no art. 6º do TUE, que conferiu à *Carta dos Direitos Fundamentais da União Europeia*, proclamada por ocasião do Conselho Europeu de Nice, em 7 de dezembro de 2000, "o mesmo valor jurídico que os tratados".(37)

---

(33) Cf. ZILLER, Jacques. *O Tratado de Lisboa*, cit., p. 60. "Para além de aspectos terminológicos e simbólicos, o Tratado de Lisboa constitui praticamente a repetição das soluções legislativas consagradas no Tratado Constitucional." (Cf. CUNHA, Paulo de Pitta. As inovações do Tratado de Lisboa. *In: Cadernos O Direito — Tratado de Lisboa,* cit., p. 273)

(34) "Para conseguir associar estes dois legados genéticos, o Tratado de Lisboa exigiu um esquema laborioso esquema de engenharia jurídica ou, talvez com maior propriedade explicativa, um trabalho paciente trabalho de cerzidura normativa." (Cf. DUARTE, Maria Luisa. *O Tratado de Lisboa...*, cit., p. 17)

(35) Cf. DUARTE, Maria Luisa. *O Tratado de Lisboa...*, cit., p. 35-79.

(36) "A 'economia social de mercado' constitui-se como um modelo capaz de combinar o *princípio do livre mercado* e o *princípio do equilíbrio social* [...]. Corresponde, em síntese, a um 'ambiente' capaz de garantir a liberdade individual — e, consequentemente, a existência dos adequados incentivos de actuação — e de, simultaneamente, operar ajustes de desequilíbrios sociais." (Cf. FREIRE, Paula Vaz. *"A União Europeia em busca de um modelo de* economia social de mercado", cit., p. 1.022-1.024)

(37) Cf. ROCCELLA, Massimo; TREU, Tiziano. *Diritto del lavoro dell'Unione Europea*. Padova: CEDAM, 2012. p. 35. "Art. 6º. A União reconhece os direitos, as liberdades e os princípios enunciados na Carta dos Direitos Fundamentais da União Europeia, de 7 de Dezembro de 2000, com as adaptações que lhe

Uma abordagem *otimista* defende que a passagem de um estatuto jurídico fraco para um estatuto jurídico forte terá repercussão no plano da efetividade dos direitos fundamentais, em ordem a influenciar a definição do ponto de equilíbrio dos direitos sociais com as liberdades econômicas. Nesse sentido, argumenta-se com o art. 53 da Carta, que impede qualquer interpretação que leve ao rebaixamento do padrão nacional por meio da aplicação do direito europeu.(38)

Um enfoque *pessimista* sustenta que a passagem da condição de *soft law* para a de direito primário da União, com eficácia direta e imediata, nada acrescenta à tutela oferecida pela Carta de Nice, que proclama direitos já consagrados nas constituições nacionais e em declarações internacionais. Prova disso é que nos casos *Viking e Laval* o Tribunal de Justiça manifestou largo reconhecimento dos direitos sociais de natureza coletiva e, mesmo assim, avançou um critério de equilíbrio com as liberdades econômicas que acabou por prejudicar a efetividade dos direitos sociais.(39)

---

foram introduzidas em 12 de dezembro de 2007, em Estrasburgo, *e que tem o mesmo valor jurídico que os Tratados"* (grifei). Sobre a acidentada trajetória de aprovação deste artigo, v. ZILLER, Jacques. *O Tratado de Lisboa*, cit., p. 29-33.

(38) Sobre o debate em relação à existência ou não de uma cláusula de não regresso no direito europeu, v. ALES, Edoardo. "Non 'regresso' senza *dumping* sociale ovvero del 'progresso' nella modernizzazione (del modello sociale europeo)", cit., e CARABELLI, Umberto; LECCESE, Vito. "Libertà di concorrenza e protezione sociale a confronto. Le clausole di favor e di non regresso nelle direttive sociali". *In: Working Papers* CSDLE Massimo D'Antona, Int. n. 35, 2005. Em outra perspectiva, NOVAIS, Jorge Reis. *Direitos sociais — Teoria jurídica dos direitos sociais enquanto direitos fundamentais*. Coimbra: Coimbra Editora, 2010. p. 240-250. Maria Luisa Duarte pondera que, "A despeito da justeza das críticas, a Carta encerra um valioso significado pela visibilidade e centralidade que proporciona às normas garantidoras de direitos. Um texto escrito vai ao encontro do princípio da certeza jurídica e do objetivo do conhecimento público que elimina barrreiras entre a norma e o seu destinatário. Indício forte sobre a relevância jurídica da Carta é o facto de três Estados-membros — Reino Unido, Polónia e República Checa — terem preferido não aplicar este novo instrumento normativo. Em contrapartida, o acordo dado pelos outros Estados-membros a esta pretensão suscita fundadas reservas sobre o grau de coerência e efetividade do sistema eurocomunitário de proteção dos direitos fundamentais, incompatível, por natureza, com estratégias de geometria variável" (Cf. *O Tratado de Lisboa*..., cit., p. 38-39).

(39) "Appare alquanto chimerico pensare che l'assunzione di vincolatività giuridicha della Carta possa addirittura transformare dalle fondamenta l'ordinamento comunitario, rendendolo primariamente orientato verso Il perseguimento di valore sociali e di tutela ed emancipazione della persona, assegnando a quelli economici rilievo secundario... Insomma, la vincolatività giuridicha della Carta non farebbe che confermare quanto già la Corte ha riconosciuto attraverso Il suo sforzo interpretativo." (Cf. CARABELLI, Umberto. *Europa dei mercati e conflito sociale*. Bari: Cacucci, 2009. p. 155-156). Com a mesma opinião, INGRAVALLO, Ivan. La Corte di giustizia tra diritto di sciopero e libertà economiche fondamentali. Quale bilanciamento?. *In: Il conflito sbilanciato*, cit., p. 40.

3. Objetivos e competências da União Europeia

A União Europeia é uma organização internacional formada por um conjunto de 28 Estados. Tem personalidade jurídica própria, com aptidão para manifestar uma vontade juridicamente distinta da de seus membros, e é dotada de um aparelho institucional com atribuições e poderes que convergem para a efetivação dos objetivos fixados nos tratados.[40]

A qualificação de *organização internacional* em nada prejudica a singularidade da União Europeia como associação de Estados soberanos. Ao contrário dos *Estados nacionais*, que, como entes soberanos, são dotados de personalidade jurídica plena e geral, a União Europeia tem personalidade internacional limitada ao cumprimento dos fins previstos nos tratados.[41]

Os Estados-membros não operam uma transferência irreversível de parcela da soberania nacional em proveito da União Europeia, mas uma delegação de competências em face dos fins estabelecidos nos tratados, limitada a certos domínios específicos e que a qualquer tempo pode ser retirada, ainda que com elevados custos políticos e econômicos.[42]

---

(40) Cf. CAMPOS, João de Mota Campos; CAMPOS, João Luiz Mota de. *Manual de Direito Europeu*, cit., p. 238. Não há consenso na definição da natureza jurídica da União Europeia. Os autores divergem sobre incluí-la na categoria de um *sistema federal*, de uma *confederação* ou de uma *organização internacional*. Com entendimento intermediário, a posição de Jorge Miranda: "Como quer que seja, a União Europeia será ainda uma organização internacional, se bem que de integração? Ou será já ou virá a ser uma federação? Por agora, aproxima-se de uma confederação — de uma confederação com notas inéditas no confronto das confederações clássicas, por conter elementos provenientes de outras estruturas. Se a soberania dos Estados surge diminuída ou reduzida pela expansão das atribuições comunitárias e das matérias de interesse comum, pela união monetária, pela convergência econômico-financeira e pelo peso acrescido das decisões maioritárias, não fica substituída por um poder próprio da união. Os poderes desta variam de um tratado internacional e só por outro tratado hão de vir, eventualmente, a ser alargados ou modificados. A 'cidadania europeia' é derivada da cidadania perante qualquer Estado-membro; não há um território da União e nem, apesar dos poderes sancionatórios de que goza, autoridades comunitárias de coerção" (Cf. *Curso de Direito Internacional Público*. Cascais, 2008, p. 210-211).

(41) Cf. DUARTE, Maria Luisa. *O Tratado de Lisboa...*, cit., p. 36. A União Europeia é uma *organização internacional de integração*. "As organizações internacionais de integração têm características que as distinguem claramente das de cooperação, de entre as quais se destaca o facto de erigirem uma ordem jurídica própria. Criadas por um instrumento de direito internacional público (*v.g*, um tratado), este constitui o seu direito *originário*, outorgado pelos Estados ou outra organização internacional (a ONU constituiu a OMS). Mas, partindo deste direito, elaboram o seu próprio direito *interno* (derivado ou secundário), cujo referente de validade é o próprio tratado, conjuntamente com as normas internas (constitucionais) dos Estados-membros (Cf. GORJÃO-HENRIQUES, Manuel. *Direito Comunitário*. Coimbra: Almedina, 2008. p. 20).

(42) Cf. CAMPOS, João de Mota Campos; CAMPOS, João Luiz Mota de. *Manual de Direito Europeu*, cit., p. 265-266. "Os partidários de uma Europa federal, tal como os seus opositores, não deixam de comparar a Constituição para a Europa à Constituição dos Estados Unidos. Uma comparação deste tipo

O objetivo *político* da União é o reforço da unidade entre os países que a integram, promovendo a coesão econômica, social e territorial. No campo *econômico* e *social*, busca o desenvolvimento sustentável, assente no crescimento equilibrado e na estabilidade dos preços, numa "economia social de mercado" altamente competitiva que tenha como meta o pleno emprego e o progresso social, o combate à exclusão social e às discriminações, bem como a promoção da justiça e da proteção sociais (TUE, art. 3º).[43]

A consecução desses objetivos articula-se em torno de um conjunto de ações e políticas cujas *competências* são divididas de maneira sistemática entre a União e os Estados-membros, em um regime jurídico presidido por três princípios.[44]

O primeiro é o *princípio da atribuição da competência*. Significa que a União só pode agir na esfera das atribuições expressamente demarcadas pelos tratados. As competências que não lhe foram atribuídas nos tratados pertencem aos Estados-membros (TUE, art. 4º).[45]

O segundo é o *princípio da subsidiariedade*. Nas matérias de competência partilhada, a *regra* é a atuação do Estado-membro e a *exceção* é a intervenção da União. Em cada caso, cabe a ela provar: *i)* a *necessidade* de sua intervenção, *ii)* a *insuficiência*

---

faz sobressair uma diferença fundamental no que se refere à pertença de cada uma das Uniões. A Constituição dos Estados Unidos indica apenas no artigo IV, seção 3, que novos Estados podem ser acolhidos na União, e nada diz sobre a possibilidade de saída de um Estado-membro, fato que sabemos estar interdito na prática desde o final da guerra de secessão em 1865... O Tratado de Lisboa retoma integralmente a cláusula de saída voluntária do artigo I-60 do Tratado Constitucional, que passa a ser o art. 50 do TUE, o qual figura imediatamente a seguir ao art. 49, relativo à adesão à União, e ao art. 48, relativo aos processos de revisão. Esta vizinhança parece sugerir aos Estados hesitantes sobre a sua pertença à União: 'se não vos agrada, a porta está aberta...'" (Cf. ZILLER, Jacques. *O Tratado de Lisboa*, cit., p. 55-56).

(43) O Tribunal de Justiça já teve ocasião de se debruçar sobre a questão do valor jurídico dos objetivos da União Europeia, tendo decidido que eles não podem ter por efeito impor obrigações aos Estados-membros ou conferir direitos aos indivíduos, na medida em que dependem de políticas por parte da União ou dos Estados-membros. Afiguram-se, porém, muito relevantes na interpretação do Direito da União, tanto que o Tribunal de Justiça interpreta com frequência as disposições dos Tratados à luz dos objetivos da União (Cf. MARTINS, Ana Maria Guerra. *Manual de Direito da União Europeia*, cit., p. 211-212).

(44) Como são os Estados-membros que conferem as atribuições à União, há que distinguir, por um lado, os *princípios gerais de relacionamento da União com os Estados-membros — princípio da cooperação leal* (TUE, art. 4º, n. 3), *princípio do acervo da União* ou do *"acquis communautaire"* (TUE, art. 1º, § 3º) e *princípio do respeito das identidades nacionais* (TUE, art. 4º, n. 2) — e, por outro lado, os *princípios relativos à repartição de competências entre a União e os Estados-membros — princípio da atribuição, princípio da subsidiariedade* e *princípio da proporcionalidade* (Cf. MARTINS, Ana Maria Guerra. *Manual de Direito da União Europeia*, cit., p. 273-287).

(45) Cf. QUADROS, Fausto de. *Direito da União Europeia*, cit., p. 194. "Em resumo, o princípio da atribuição, em conjunto com os princípios da proporcionalidade e da subsidiariedade, exige que nenhuma acção comunitária seja tomada se não for efectivamente necessária no quadro global da União, face às soberanias nacionais e respectivos poderes. E que, sempre que não for necessária, nesse enquadramento, as acções (os poderes) continuarão na esfera nacional, isto é, caberá aos Estados tomar as decisões. Nem mais, nem menos." (Cf. SANDE, Paulo de Almeida. Princípio da atribuição. *In: Novo dicionário de termos europeus*, cit., p. 375)

da atuação do Estado-membro para atingir o objetivo previsto no Tratado e *iii)* a *maior eficácia* de sua intervenção (TUE, art. 5º, n. 1 e n. 4).[(46)]

O terceiro é o *princípio da proporcionalidade*. O escopo é a adequação entre meios e fins de forma a evitar restrições indevidas aos tratados. A atuação da União não deve exceder o *necessário* para alcançar os objetivos dos tratados, mas tem de ser *suficiente* para atingir sua meta. Assim como exceder o *necessário* é uma violação de princípio, não cumprir com o *suficiente* consubstancia violação do dever de atuação atribuído à União (TUE, art. 5º, n. 1 e n. 4).[(47)]

Nas matérias de *competência exclusiva* — *estabelecimento de regras de concorrência necessárias ao funcionamento do mercado comum; política monetária para os países cuja moeda seja o euro; união aduaneira; política comercial comum; conservação dos recursos biológicos do mar no âmbito da política comum de pescas* (TFUE, art. 3º) —, só a União pode adotar atos jurídicos vinculativos, em relação aos quais os Estados-membros ficam confinados à função de mera execução.

Nos assuntos de *competência partilhada* — *mercado interno, agricultura; pesca* (exceto quanto à conservação dos recursos naturais); *política social; coesão econômica e social; meio ambiente; proteção dos consumidores; segurança em matéria de saúde pública; transportes da rede transeuropeia; energia; espaço de liberdade, segurança e justiça* (TFUE, art. 4º) —, a União e os Estados-membros podem adotar atos vinculativos, mas a competência comunitária goza do *efeito do primado*, pelo que a iniciativa da União exclui a do Estado-membro.

---

(46) Cf. QUADROS, Fausto de. *Direito da União Europeia*, cit., p. 202-203. "Estabelecido o conteúdo e o alcance do princípio, importa vislumbrar algumas das consequências práticas que ele nos pode trazer. Logicamente que, estabelecida a presunção em favor dos Estados-membros, a dimensão operativa do princípio apenas se verificará quando a União pretenda actuar em detrimento dos Estados-membros, invertendo a presunção. Em primeiro lugar, é necessário não esquecer que o princípio só vale no domínio da competência partilhada; em segundo, é necessário que a União através do órgão competente fundamente a insuficiência da acção (isolada ou conjunta) dos Estados-membros e a mais-valia da acção da União em termos de efeitos ou resultado da acção projectada. Dito de outra forma: qualquer acção comunitária no domínio da competência partilhada terá de ter em conta, não só uma melhor prossecução do objectivo concreto visado por essa acção, mas também uma mais-valia no contributo que ela possa ter para o alcance dos objectivos gerais da União. Depois, também se deve notar que os critérios que poderão fazer precludir a preferência estadual na adopção de certa medida deverão ser aplicados, não genericamente, mas em concreto, referidos à norma habilitante do Tratado que, em determinada matéria, permita a qualquer instituição comunitária adoptar um acto ou uma medida. É nesta perspectiva que os testes da insuficiência e da mais-valia em termos de resultado comunitário devem ser efectuados." (Cf. CORREIA, José Matos. Princípio da subsidiariedade. *In: Novo dicionário de termos europeus*, cit., p. 380)

(47) Cf. GOMES, José Caramelo. *Lições de Direito da União Europeia*, Coimbra: Almedina, 2009, p. 152-153. "O princípio da proporcionalidade relaciona-se directamente com o exercício das competências da União e apresenta, em simultâneo, duas faces: por um lado, implica que uma decisão de uma instância comunitária surja como necessária para que possa ser adoptada; por outro lado, obriga a que essa decisão não se apresente como excessiva para a realização do resultado pretendido pelo Tratado." (Cf. CORREIA, José Matos. Princípio da proporcionalidade. *In: Novo dicionário de termos europeus*, cit., p. 378)

Em temas nos quais prevalece uma *competência complementar — proteção e melhoria da saúde humana, indústria, cultura, turismo, educação, formação profissional, juventude, desporto, proteção civil e cooperação administrativa* (TFUE, art. 6º) —, a União tem a faculdade de desenvolver ações destinadas a apoiar, coordenar ou complementar a ação dos Estados-membros.

Ainda que um dos objetivos da enumeração de matérias seja o de propiciar maior clareza na divisão de atribuições entre a União e os Estados-membros, subsistem algumas ambiguidades, o que é particularmente nítido no domínio da política social, em que certos assuntos se incluem nas competências partilhadas, e outros, nas ações de apoio, coordenação e complemento.(48)

Embora os temas de política social não estejam incluídos na lista de competência complementar do art. 6º do TFUE, a norma do art. 2º, n. 3, do TFUE dispõe que "*Os Estados-membros coordenam as suas políticas econômicas e de emprego de acordo com as disposições do presente Tratado, para cuja definição a União tem competência*", enquanto que o art. 5º do TFUE fixa no n. 2 que "*A União toma medidas para garantir a coordenação das políticas de emprego dos Estados-membros, definindo, nomeadamente, as diretrizes para essas políticas*" e estabelece no n. 3 que "*A União pode tomar iniciativa para garantir a coordenação das políticas sociais dos Estados-membros*".

De igual modo, as disposições do Título X do TFUE, relativas à "Política Social", nem sempre podem ser incluídas no campo das competências partilhadas, como sucede com o disposto no art. 153, cuja letra aponta mais no sentido de apoio, coordenação ou complemento do que de uma competência partilhada entre a União e os Estados-membros, o que resulta em uma "tripla categorização" que pouco contribui para a clareza das atribuições da União neste campo.(49)

---

(48) Cf. MARTINS, Ana Maria Guerra. *Manual de Direito da União Europeia*, cit., p. 316.

(49) *Ibidem*, p. 317.

4. A estrutura institucional e o equilíbrio de poderes na União Europeia

O quadro das instituições da União Europeia compreende o *Conselho da União Europeia*, o *Parlamento Europeu*, o *Conselho Europeu*, a *Comissão Europeia*, o *Tribunal de Justiça*, o *Banco Central Europeu* e o *Tribunal de Contas*.(50)

A União desempenha cinco funções políticas: *i)* a *função legislativa*, exercida pelo Parlamento e pelo Conselho da União Europeia (TUE, art. 14 e 16), por iniciativa da Comissão (TUE, art. 17) e com a possibilidade de intervenção dos parlamentos nacionais; *ii)* a *função executiva*, exercida pelas autoridades dos Estados-membros e pela Comissão, a quem cabe, ainda, executar as decisões do Parlamento e do Conselho da União Europeia, aplicando políticas, implantando programas e gerindo fundos, além de garantir o respeito pelo direito comunitário (TUE, art. 17 e TFUE, art. 291); *iii)* a *função jurisdicional*, confiada ao Tribunal de Justiça e aos tribunais dos Estados-membros (TUE, art. 19); *iv)* a *função de orientação e de programação*, exercida pelo Conselho da União Europeia, Comissão e Conselho Europeu (TUE, art. 15 a 17) e, por fim, *v)* uma *função orgânica*, confiada no essencial ao Conselho Europeu (TUE, art. 18 e 48).(51)

Esse arranjo institucional reflete duas preocupações fundamentais. De um lado, assegurar à ação da União uma *tripla legitimidade* — a *democrática*, a *comunitária* e a *intergovernamental*. De outro lado, reproduzir num sistema com especificidades próprias, diferente do padrão convencional dos regimes parlamentares ou do regime presidencial de que são exemplo os Estados Unidos, o *princípio da separação e equilíbrio de poderes*, que é atributo do Estado de Direito.(52)

A *tripla legitimidade* é atingida pela participação de quatro instituições no processo de decisão: o Parlamento, cujos integrantes são eleitos por sufrágio direto

(50) Cf. ALVARES, Pedro. *O Tratado de Lisboa...*, cit., p. 18.

(51) Cf. ZILLER, Jacques. *O Tratado de Lisboa...*, cit., p. 50-51.

(52) "O princípio da separação dos poderes não se aplica à União Europeia nos mesmos termos em que se aplica aos Estados-membros, em que é possível distinguir entre a função normativa primária, reconhecida, sobretudo, aos Parlamentos, e a função de execução ou normativa secundária, reconhecida aos governos e respectiva administrações. Na União Europeia, não há correspondência entre as funções, as instituições e os actos jurídicos emanados — e os actos jurídicos não se distinguem em função do seu autor. Para a aprovação de um ato normativo primário concorrem distintas instituições (Comissão, Parlamento, Conselho), o que leva a doutrina a reconhecer um princípio de equilíbrio institucional e não propriamente de separação de poderes." (Cf. SILVEIRA, Alessandra. *Princípios de Direito da União Europeia*. Lisboa: *Quid Juris*, 2010. p. 56)

e universal dos cidadãos da União, que é o que garante a *legitimidade democrática*; a Comissão Europeia, cujos membros são escolhidos em função da competência geral e do seu empenhamento europeu, que é o que garante a *legitimidade comunitária*; o Conselho da União Europeia e o Conselho Europeu, formados por representantes do governo nacional de cada Estado-membro, que são os que garantem a *legitimidade intergovernamental*.(53)

O Tratado de Lisboa reforçou o papel do Conselho Europeu e o do Parlamento. De um lado, o tradicional "trio institucional" — Comissão, Conselho da União Europeia e Parlamento — transformou-se em um "quarteto institucional" com a integração do Conselho Europeu. De outro lado, o *método de codecisão* — o mecanismo de decisão conjunta do Parlamento e do Conselho da União Europeia — tornou-se o procedimento legislativo ordinário, o que alargou o campo de participação do Parlamento.(54)

Essas alterações visaram fortalecer a legitimidade democrática e a intergovernamental em detrimento da legitimidade comunitária, deslocando o ponto de equilíbrio entre os poderes da União.(55) Ainda assim, o gradativo alargamento do campo de atuação do Parlamento nas decisões, que começou com o Tratado de Maastricht, não é bastante para eliminar o chamado "deficit democrático" da União Europeia.(56)

---

(53) Cf. GOMES, José Caramelo. *Lições de Direito da União Europeia*, cit., p. 103. O *Conselho Europeu* é composto pelos chefes de Estado ou de Governo de cada Estado-membro, pelo presidente da Comissão Europeia e pelo presidente do Conselho Europeu, que preside as reuniões. O alto-representante para os Negócios Estrangeiros e Política de Segurança também participa das reuniões. O Conselho Europeu desempenha essencialmente duas funções: *i)* definir a direção e as prioridades políticas gerais e *ii)* resolver determinadas questões que, por sua complexidade ou sensibilidade, não podem ser resolvidas ao nível inferior da cooperação intergovernamental. Embora fundamental na definição da agenda política da União, o órgão não tem quaisquer poderes legislativos (art. 15, TUE). Por sua vez, o *Conselho da União Europeia*, ou simplesmente *Conselho*, tem as seguintes atribuições: *i)* aprovar a legislação da União; *ii)* coordenar as políticas econômicas gerais dos países da União; *iii)* assinar acordos entre a União e países terceiros; *iv)* aprovar o orçamento anual da União; *v)* definir as políticas externa e de defesa da União; *vi)* coordenar a cooperação entre os tribunais e as forças policiais dos países da União. O Conselho não tem membros permanentes. Cada vez que o órgão se reúne, cada país envia o ministro responsável pelo domínio político em questão, com poderes para exercer o direito de voto e vincular o respectivo Estado-membro (art. 16, TUE).

(54) Cf. QUADROS, Fausto de. *Direito da União Europeia*, cit., p. 243-246. "O domínio no qual o Parlamento Europeu é colegislador passa de 60% para 90%, especialmente pelo fato de o processo legislativo habitual dever ser aplicado igualmente à legislação relativa ao espaço de liberdade, de segurança e de justiça. O processo de 'codecisão', segundo a designação do Tratado de Maastricht, transforma-se em 'processo legislativo ordinário', e a reescrita do artigo que lhe é consagrado faz enfim sobressair o papel essencial do Parlamento, que é chamado a pronunciar-se em primeiro lugar, antes que o Conselho exerça um eventual direito de emenda ou de veto." (Cf. ZILLER, Jacques. *O Tratado de Lisboa*, cit., p. 48)

(55) Cf. DUARTE, Maria Luisa. *O Tratado de Lisboa...*, cit., p. 51-64.

(56) Cf. SOARES, Antonio Goucha. O défice democrático da União Europeia: alguns problemas conexos. *In: Análise Social – Revista do Instituto de Ciências Sociais da Universidade de Lisboa*, XXXVII (1997), p. 627-647. Nos termos da versão tradicional, o "déficit democrático" resulta do fato de os Estados-membros terem transferido vastas competências normativas para a Comunidade sem que o Parlamento Europeu participasse de forma plena no exercício comunitário destas competências. Os poderes que estavam sob controle dos parlamentos nacionais foram transferidos para o plano europeu e ficaram

Embora o sistema político comunitário incorpore um conjunto de atributos que, no plano formal, não o diminui na comparação com as modernas democracias nacionais,(57) as elevadas taxas de abstenção nas eleições para o Parlamento Europeu,(58) bem como a trajetória de rejeição sempre que um tratado é submetido

---

sujeitos a um processo de decisão menos representativo e transparente. Embora o processo de integração europeu tenha começado com uma abordagem elitista e tecnocrática, num período relativamente breve o Parlamento passou de instituição dotada de insuficientes poderes de controle, e quase nenhuma participação no processo de decisão, a uma instituição que ocupa lugar central no sistema político da União. Ainda assim, as eleições para o Parlamento continuam destituídas de efeito útil aos olhos dos cidadãos, uma vez que não permitem manifestar uma escolha clara por políticas, ou em políticos, na arena europeia. Daí que o continuado aumento de poderes do Parlamento Europeu não terá permitido reduzir, por si só, o "déficit democrático" do sistema político da União (Cf. SOARES, Antonio Goucha. *A União Europeia*, cit., p. 188-190).

(57) Cf. GOULARD Sylvie; MONTI, Mario. *A Democracia na Europa:* uma perspectiva de futuro. Trad. Maria Eduarda Colares. Lisboa: Presença, 2013. p. 22-37. Opondo-se à tese do "déficit democrático", argumenta-se que a plena legitimação democrática do sistema político europeu decorreria: *i)* do controle popular sobre os respectivos Estados, que são os sujeitos da definição das políticas europeias; *ii)* da representação política no Parlamento Europeu e *iii)* de instrumentos jurisdicionais destinados à tutela dos direitos assegurados pela ordem jurídica europeia. Por essa ótica, a legitimação democrática do sistema político europeu seria resultado da coordenação de variadas legitimidades parciais, em que as legitimidades políticas dos Estados-membros concorreriam para a legitimação europeia. Por outro enfoque, defende-se que a legitimação democrática pode provir de fatores alternativos à legitimação eleitoral, em especial a capacidade de solucionar problemas coletivos por meio do consenso. A democracia em escala supranacional não teria de reproduzir exatamente os mecanismos da democracia nacional, uma vez que se ampara em elementos alternativos de legitimação, como a *legitimidade de origem* — que assegura a intervenção em igualdade de condições dos distintos grupos de interesses no processo decisório, que são os protagonistas políticos em uma sociedade pluralista e democrática — e a *legitimidade de resultado* — em que a produção de resultados justos e adequados baseia-se na eficiência da interação entre as numerosas redes estruturadas ao redor do *policy-making* europeu (Cf. SILVEIRA, Alessandra. *Princípios de Direito da União Europeia*, cit. p. 52-54). De forma radical, Miguel Poiares Maduro sustenta a tese do "superávit democrático". Argumenta que não se justifica a presunção de superioridade da democracia nacional no confronto com o modelo europeu. O Estado nacional nunca satisfez o ideal de representação e participação popular e nem jamais houve uma relação de simetria entre os órgãos políticos nacionais e os destinatários das decisões políticas. As decisões tomadas a um maior nível de generalidade permitiriam afrontar os interesses corporativos que se manifestam com maior vigor nos espaços políticos reduzidos dos Estados do que nos espaços cosmopolitas da União (Cf. O Superávit Democrático Europeu. *In: A Constituição Plural.* Constitucionalismo e União Europeia. Cascais: Principia, 2006. p. 270-271). Antonio Hespanha contradita essa abordagem ponderando que "o argumento pode, casuisticamente, ter muito de verdade, mas nem pode ser convertido numa teoria geral consistente, nem pode escapar à reversibilidade. Porque também é verdade que outros interesses corporativos e outros *lobbies* têm maiores oportunidades de se impor no nível supranacional da União Europeia, relativamente imune aos protestos dos cidadãos e cego para respeitáveis interesses particulares, nomeadamente de pequenos países, de regiões, de grupos portadores de interesses particularistas, relevantes do seu ponto de vista, ou mesmo de pontos de vista mais alargados (*v.g.*, da defesa da diversidade cultural, da proteção de microambientes, da salvaguarda de tradições de vida respeitáveis etc.)" (Cf. *O caleidoscópio do direito:* o direito e a justiça nos dias e no mundo de hoje. Coimbra: Almedina, 2009. p. 346, nota 403).

(58) "Na eleição de 7 de Junho de 2009, a abstenção atingiu 59,5% dos inscritos para votar na França. Na Alemanha foram 56,7%; na Polônia, 75,5%; na Romênia, 72,6% e na Eslováquia chegou a 80,4%. Na Bélgica, os eleitores compareceram em massa, mas lá o voto é obrigatório. Na Europa em geral, o movimento de desafeição pelo exercício de votar está numa ascendente: atingiu 38% dos eleitores europeus em 1979; 41% em 1984; 41,5% em 1989; 43,3% em 1994; 50,5% em 1999; 54,6% em 2004; 56,8% em 2009." (Cf. GARRIGOU, Alan. Eleições vazias. *In: Le Monde Diplomatique.* Edição brasileira, jul. 2009)

ao escrutínio popular,(59) permitem inferir indiferença ou até mesmo pouca confiança dos cidadãos na atuação da instituição.(60)

Outro ponto sensível do sistema político europeu estaria no exagerado ativismo do Tribunal de Justiça, cuja legitimidade democrática seria demasiado indireta e mediada para justificar decisões capazes de causar severos impactos no âmbito interno dos Estados-membros, muitas vezes fundadas em razões mais políticas do que jurídicas.(61)

Em tempos recentes, a questão da democracia ganhou outros contornos com o protagonismo assumido pelo Conselho Europeu no enfrentamento da crise da dívida pública que atinge parte dos países da zona euro. Apesar de lhe competir apenas "os impulsos necessários ao desenvolvimento" da União, bem como a definição das "orientações e prioridades políticas gerais", sem exercer "função legislativa" (TUE, art. 15), o órgão alargou os seus poderes e passou a desempenhar um papel que excede a atribuição prevista nos tratados.(62)

---

(59) Cf. GALOFARO, Mario. La tradizione del costituzionalismo europeo e la recente giurisprudenza della Corte di Lussemburgo. *In: Il conflito sbilanciato,* cit., p. 10

(60) Na análise do antigo primeiro-ministro e ex-presidente de Portugal Mario Soares, as políticas de austeridade adotadas para combater a crise econômico-financeira que começou em 2008 contribuem ainda mais para afastar as pessoas das instituições europeias. "As pessoas não suportam a degradação moral, social e mesmo democrática, e as crescentes desigualdades, a que assistem na União. Estão a perceber que cada vez há menos solidariedade entre os Estados-membros, que estes dependem dos mercados em vez de os meterem na ordem e que as conquistas sociais, que são responsáveis por cinco décadas de bem-estar para as populações europeias, estão a ser deliberadamente destruídas para que os magnatas que controlam os mercados cada vez façam maiores fortunas, em virtude do capitalismo virtual, dos paraísos fiscais etc. Os partidos europeus têm vindo a perder força, principalmente os que no plano político-ideológico mais contribuíram para a construção europeia: os democratas-cristãos e os socialistas ou social-democratas. Foram ambos 'colonizados' pela ideologia neoliberal, assim se esbatendo as suas raízes ideológicas." (Cf. A crise e os estados ibéricos. *In: Revista Visão,* 26 jan. 2012, p. 22)

(61) Cf. HESPANHA, Antonio Manuel. *O caleidoscópio do direito:* o direito e a justiça nos dias e no mundo de hoje..., cit, p. 346. Sobre o ativismo do Tribunal de Justiça da União Europeia, v. *infra*, n. 7.

(62) "Desde o início da crise de 2008, a Europa manifesta as características de um regime autoritário: governantes eleitos forçados a pedir demissão e substituídos por tecnocratas sem legitimidade democrática; proeminência de instituições supostamente "neutras", como o Banco Central Europeu; enfraquecimento do Parlamento Europeu; anulação de referendos; interferência do setor privado em decisões políticas... Para compreender essa dinâmica antidemocrática — passível de ser revertida somente por um movimento social amplo e de escala continental —, pode ser útil recorrer a um observador perspicaz da crise da civilização na década de 1930: Antonio Gramsci. De acordo com o intelectual italiano, durante as grandes crises do capitalismo, as instituições que dependem do sufrágio universal, como os parlamentos, passam para segundo plano. E, de forma inversa, circunstâncias extraordinárias consolidam 'a posição relativa do poder da burocracia (civil e militar), do mercado financeiro, da Igreja e, de forma geral, de todos os organismos relativamente independentes das flutuações da opinião pública'. Em tempos normais, as instituições democráticas prevalecem no comando. Em situações de crise, contudo, suas contradições se agudizam e enfraquecem a capacidade decisória necessária quando o ritmo da política se acelera. Simultaneamente, nesses períodos, a opinião pública flutua consideravelmente e muitas vezes tende a apoiar soluções mais radicais. Gramsci chama de 'cesarismo' essa propensão dos regimes democráticos a manifestar facetas autoritárias em tempos de crise. No século XIX e na primeira metade do XX, os elementos cesaristas emergiam no seio dos exércitos — como Napoleão Bonaparte, Otto Von Bismarck e Benito Mussolini, três figuras emblemáticas desse fenômeno. A expressão 'cesarismo' é inspirada

Esse desvio institucional, denominado por Mario Monti de "creditocracia", manifesta-se na "supremacia de fato" dos países "do Norte" que, mais bem classificados pelas agências de notação, estão em posição de força em relação aos fragilizados países "do Sul".[63] "Se não de direito, pelo menos de fato, atendendo ao peso político dos seus membros e às perturbações ligadas à crise da dívida pública, o papel do Conselho Europeu foi profundamente alterado. Longe de se limitar a dar 'impulsos', os chefes de Estado e de governo passaram a tomar decisões vitais para os países em dificuldades: contribuição de fundos de ajuda, definição de contrapartidas sociais, econômicas e orçamentais, acordos com os credores privados sobre as condições de abandono 'voluntário' de dívida etc.".[64]

---

em César, carismático general romano que atravessou o Rubicão e eliminou a fronteira entre o militar e o político. Mas Gramsci observou que atores não militares também podiam exercer a função de 'césar': é o caso da Igreja, do mercado financeiro ou da burocracia estatal. O autor dos *Cadernos do cárcere* constata, por exemplo, a natureza fragmentária da nação forjada pelo *Risorgimento* italiano no século XIX — constituída pela agregação de territórios sucessivamente anexados sem a implicação das massas populares. Somente a burocracia estatal seria capaz de garantir a unidade desses povos, por isso desempenharia o papel de 'césar', sem o qual as forças centrífugas dividiriam novamente o conjunto. As dinâmicas em marcha na União Europeia evocam, assim, uma forma de cesarismo: não militar, mas financeiro e burocrático. Entidade política de soberania fragmentária, a Europa tem sua unidade garantida apenas pela burocracia de Bruxelas e pela interferência no funcionamento estrutural das finanças internacionais. Nos últimos três anos, os supostos 'progressos' no processo de integração europeia acentuam essa característica. Esse cesarismo não é uma invenção da União Europeia. Após a Segunda Guerra Mundial, algumas instituições não democráticas, entre as quais as cortes constitucionais ou os bancos centrais independentes, se tornaram cada vez mais centrais na Europa ocidental. As elites continentais da época consideravam que os totalitarismos gêmeos — nazismo e stalinismo — haviam sido produzidos pelo 'excesso' de democracia, razão pela qual era necessário proteger a Europa de seu próprio descontrole. Desde sua origem, o projeto europeu se inscreve nessa lógica de manter as populações à distância. Mas a aceleração brutal desde 2009 radicalizou o processo: a união econômica e monetária tornou-se um instrumento autoritário usado para administrar as contradições econômicas e sociais produzidas pela crise." (Cf. DURAND, Cédric; KEUCHEYAN, Razmig. Uma Europa cada vez menos democrática. *In: Le Monde Diplomatique*. Edição brasileira, nov. 2012)

(63) "O ministro dos Negócios Europeus finlandês, Alexander Stubb, chegou mesmo a dizer: 'o euro é um sistema darwiniano. É a sobrevivência do mais forte e os mercados encarregam-se disso'. Para ele, 'o verdadeiro núcleo duro é o que é formado pelos países que têm uma notação triplo A'. É verdade que, no fim de agosto de 2012, ele próprio suavizou as suas declarações, incitando a que não se criasse um novo 'Muro de Berlim' entre o Norte e o Sul." (Cf. GOULARD Sylvie; MONTI, Mario. *A democracia na Europa:* uma perspectiva de futuro, cit., p. 57)

(64) Cf. GOULARD, Sylvie; MONTI, Mario. *A democracia na Europa: uma perspectiva de futuro*, cit., p. 53-54. "A crítica recorrente segundo a qual, na crise atual, a zona euro agiu *too little, too late*, isto é, 'demasiado pouco, demasiado tarde', é devida em parte à falta de discussões públicas sobre as escolhas operadas pelo Conselho Europeu. Assim, não se sabe a razão por que o órgão considerou perto de dezoito meses que a Grécia se debatia com um problema de liquidez, antes de reconhecer, em julho de 2011, a sua insolvência parcial e de organizar a reestruturação de sua dívida. Da mesma forma, quando, em documentos informais como o 'Pacto Euro +', adotado na primavera de 2011, os chefes de Estado e de governo fixam prioridades que se afastam em parte dos objetivos estipulados entre os 27, segundo procedimentos formais como a 'Estratégia 2020', e abandonam pelo caminho a luta contra a pobreza e a exclusão, que diz respeito a 80 milhões de pessoas na UE, será que estamos perante uma omissão infeliz ou perante uma mudança de objetivo propositada? Com que efeitos jurídicos? *A priori*, um órgão com a responsabilidade de impulsionar avanços não deveria poder voltar atrás sobre decisões adotadas de acordo com as formas em vigor." (*Ibidem*, p. 59-60) Nessa linha, o filósofo Jürgen Habermas observa que esta espécie de "federalismo executivo" de um Conselho Europeu automandatado seria o modelo para o exercício do poder "pós-democrático" (Cf. *Um ensaio sobre a constituição da Europa*. Trad. Mirian e Teresa Toldy. Lisboa: Edições 70, 2012, p. 22).

5. A ordem jurídica da União Europeia: os princípios gerais e o elenco dos atos normativos

A ordem jurídica da União desenvolve-se em dois níveis hierarquicamente relacionados: o *direito comunitário primário*, integrado pelo conteúdo dos tratados — Tratado da União Europeia — TUE e Tratado do Funcionamento da União Europeia — TFUE —, e o *direito comunitário secundário*, que compreende os atos unilaterais com aptidão para produzir efeitos normativos.(65)

Na hierarquia das fontes do direito comunitário, os *princípios gerais de direito* surgem logo a seguir aos tratados. Eles representam o conjunto de valores que formam o núcleo essencial do sistema jurídico da União, pelo que se sobrepõem a todas as demais fontes de direito comunitário.(66)

O direito comunitário secundário compreende fontes vinculativas, que são os *regulamentos*, as *diretivas* e as *decisões*, e fontes não vinculativas, que são as *recomendações* e os *pareceres*.(67) O Tratado de Lisboa acrescentou três novos atos normativos a este elenco: *i)* o *ato legislativo*; *ii)* o *ato delegado*; e *iii)* o *ato de execução*.(68)

Esse conjunto de atos normativos mira dois grandes objetivos. O primeiro é a *uniformização da legislação*, cabível quando a União exerce uma *competência exclusiva;* o segundo é a *harmonização de legislações*, aplicável quando a União exerce uma *competência partilhada*, com o que deixa aos Estados-membros alguma margem de regulação, ao menos no que respeita à forma e aos meios para atingir o objetivo programado.

---

(65) "Os tratados, fonte primária ou originária de direito da União, são convenções internacionais de tipo clássico, produto exclusivo da vontade soberana dos Estados contratantes, concluídas na conformidade das regras do direito internacional e das respectivas normas constitucionais." (Cf. CAMPOS, João de Mota Campos; CAMPOS, João Luiz Mota de. *Manual de Direito Europeu*, cit., p. 295)

(66) A jurisprudência do Tribunal de Justiça da União Europeia elaborou os princípios gerais de direito a partir de quatro origens: *i)* os princípios gerais de Direito Internacional Público; *ii)* os princípios gerais comuns aos direitos nacionais; *iii)* os princípios gerais ditados pela noção de Comunidade de Direito e *iv)* os princípios gerais estruturais do Direito Comunitário. Entre os princípios gerais de direito, merece destaque o princípio do *estado de direito* com os corolários da *separação de poderes, legalidade, devido processo legal, tutela jurisdicional efetiva* e *proteção dos direitos fundamentais*. Depois é de se apontar o *princípio da boa-fé*, o *princípio da igualdade,* o *princípio da segurança jurídica*, o *princípio da confiança legítima*, com todas as consequências que seguem a cada um deles (Cf. QUADROS, Fausto de. *Direito da União Europeia*, cit., p. 348-349).

(67) Cf. CAMPOS, João de Mota Campos; CAMPOS, João Luiz Mota de. *Manual de Direito Europeu,* cit., p. 353.

(68) Cf. DUARTE, Maria Luisa. *O Tratado de Lisboa...*, cit., p. 35-39.

O *regulamento* é o instrumento destinado à *uniformização de legislações*. Ele tem caráter geral, é obrigatório em todos os seus elementos e diretamente aplicável em todos os Estados-membros. A ele devem obediência não só as autoridades nacionais, mas também os particulares de cada Estado-membro.(69)

A *diretiva* é o instrumento dirigido à *harmonização de legislações*. A concretização dos objetivos atribuídos à União implica que muitas vezes ela tenha de legislar em matérias acessórias para as quais não há necessidade de *uniformizar* as legislações nacionais. Nestes casos, quer por limitação explícita imposta pelo direito originário, quer em respeito ao princípio da proporcionalidade, a União atua por meio de diretiva.(70)

A diretiva não substitui qualquer ato normativo nacional. Ela apenas vincula o Estado-membro quanto ao "resultado a alcançar", deixando às instâncias nacionais a competência para deliberar quanto à forma e aos meios para alterar o direito interno.(71)

A diretiva tem um prazo de *transposição*, no qual os Estados membros devem legislar de forma a reproduzir no direito interno os fins por ela definidos. O instrumento típico de transposição de uma diretiva para o direito interno é a "lei" em sentido amplo, assim considerado o produto da atividade do Estado. Em matéria social, o *Acordo de Política Social* prevê a possibilidade de a transposição ser feita pelos parceiros sociais por meio de convenção coletiva.(72)

---

(69) Cf. CAMPOS, João de Mota Campos; CAMPOS, João Luiz Mota de. *Manual de Direito Europeu*, cit., p. 313. "Os traços prinicpais do regime jurídico do regulamento são as suas características de generalidade, de obrigatoriedade e de aplicação directa. O regulamento é geral, mas também abstracto, ou seja, visa produzir efeitos numa pluralidade não determinada de situações. É obrigatório em todos os seus elementos, o que significa que vincula quanto à forma, aos resultados, mas também quanto aos meios... A aplicabilidade directa significa que os regulamentos se aplicam na ordem jurídica dos Estados-membros sem necessidade de qualquer acto de direito interno de recepção ou transformação. A sua eficácia deriva desde logo da sua publicação no Jornal Oficial da União Europeia e da data de entrada em vigor, não de qualquer acto de direito nacional. Pode, assim, ser logo invocado por qualquer sujeito de direito interno. (Cf. SILVA, José Luis Moreira da. Regulamento europeu. *In: Novo dicionário de termos europeus*, cit., p. 432)

(70) Cf. CAMPOS, João de Mota Campos; CAMPOS, João Luiz Mota de. *Manual de Direito Europeu*, cit., p. 325.

(71) A diretiva deixa aos Estados a escolha da forma e dos meios de eles atingirem o resultado por ela fixado. Cedo se generalizou, porém, a tendência para o Conselho e a Comissão aprovarem "diretivas de pormenor", isto é, diretivas onde a escolha pelos Estados da forma e dos meios aparecia, mais ou menos, limitada pelo próprio conteúdo da diretiva. A intenção era evitar a adulteração pelos órgãos legislativos nacionais da pureza do resultado prosseguido pela diretiva. Essa tendência, todavia, foi posta em causa, sobretudo, pelo Acórdão do Tribunal de Justiça no caso *Cassis de Dijon*, de 1979, que entendeu que o detalhe demasiado compromete o regime dos Tratados (Cf. QUADROS, Fausto de. *Direito da União Europeia*, cit., p. 362).

(72) "O 'Acordo sobre Política Social', anexo ao Tratado de Maastricht, veio estabelecer formalmente a possibilidade de concretização de directivas por *convenção colectiva*: nos termos do n. 4 do art. 2º daquele Acordo, 'um Estado membro pode confiar aos parceiros sociais, a seu pedido conjunto, a transposição das directivas adoptadas em aplicação dos n. 2 e 3'. No entanto, o Estado permanece responsável pela garantia dos resultados definidos pelas mesmas directivas." (Cf. FERNANDES, Antonio Monteiro. *Direito do Trabalho*, cit., p. 84)

As diretivas em matéria social, assim como os regulamentos no assunto, nem sempre têm base em disposições sociais dos tratados. Muitas se desenvolvem de maneira indireta, a partir de regras com escopo econômico, como a liberdade de concorrência, de estabelecimento e de prestação de serviços, a mostrar a forte ligação da área social com a área econômica.[73]

As *decisões* são atos obrigatórios para os destinatários que designar. Seu elemento característico está em seu caráter individual. Ela tem destinatários concretamente identificados, que tanto podem ser os Estados como os particulares.[74]

Dentre as inovações do Tratado de Lisboa, o *ato legislativo* é o ato adotado por meio do processo legislativo ordinário; o *ato delegado* é um ato não legislativo de alcance geral, que completa ou altera certos elementos essenciais do ato legislativo; e o *ato de execução*, cuja competência-regra é dos Estados-membros, destina-se à execução dos atos vinculativos da União.[75]

---

(73) Cf. RAMALHO, Maria do Rosário Palma. *Direito social da União Europeia*, cit., p. 51.

(74) Cf. CAMPOS, João de Mota Campos; CAMPOS, João Luiz Mota de. *Manual de Direito Europeu*, cit., p. 333; com maiores detalhes, v. SILVA, José Luis Moreira da. Decisão europeia. *In: Novo dicionário de termos europeus*, cit., p. 142-143.

(75) Cf. DUARTE, Maria Luisa. O *Tratado de Lisboa...*, cit., p. 76-78.

6. A eficácia do direito da União Europeia: os princípios da *aplicabilidade direta da norma comunitária* e do *primado do direito comunitário sobre o direito nacional*

No mecanismo de separação de poderes da União Europeia, o poder judicial é o mais claramente demarcado. Ele engloba não apenas o Tribunal de Justiça,(76) mas todos os tribunais nacionais, chamados "tribunais comuns do contencioso comunitário", em uma combinação que resulta em um sistema articulado e coerente de instituições voltado à garantia do direito da União.(77)

A eficácia do direito comunitário perante os direitos nacionais é tema controvertido que ainda hoje provoca polêmica. Assenta-se, de um lado, na dialética entre a soberania dos Estados-membros e o poder político da União Europeia e, de outro lado, na forma como o sistema jurídico comunitário articula-se com os sistemas jurídicos dos Estados-membros.

No começo dos anos 1960, o Tribunal de Justiça lançou as bases de um modelo que viria a ser o principal motor do projeto de integração. Desde então, desenvolveu-se uma teoria judiciária da integração europeia que faz do direito e do juiz comunitário os pilares da própria política europeia, em um modelo que aproxima direito e política, juiz e integração.(78)

---

(76) Sobre a origem, estrutura e competência do Tribunal de Justiça da União Europeia, v. DUARTE, Maria Luisa. *União Europeia:* estática e dinâmica da ordem jurídica eurocomunitária. Lisboa: Almedina, 2011. p. 234-256.

(77) Cf. QUADROS, Fausto de. Direito da União Europeia, cit., p. 286-287. "A União Europeia é uma comunidade jurídica, dispõe de uma *ordem jurídica própria*: integra órgãos competentes para a criação de normas que se destinam a serem acolhidas nos ordenamentos internos dos Estados-membros, possui uma organização judiciária e modelos processuais adequados à efectivação daquelas normas." (Cf. FERNANDES, Antonio Monteiro. *Direito do Trabalho*, cit., p. 76)

(78) Cf. VAUCHEZ, Antoine. *Uma Europa das elites?* Reflexões sobre a fratura democrática da União Europeia, *apud* CASSEN, Bernard. A fratura exposta da democracia. *In: Le Monde Diplomatique*. Edição brasileira, jul. 2008. "En que cambia el poder judicial tras la creación de la Comunidad Europea/Unión Europea (CE/UE)? Pues sencillamente em el papel de todos los jueces nacionales, que pasan a ser, merced a lo dispuesto em los Tratados constitutivos, jueces de Derecho comunitario. Entre las muchas contribuciones que la CE/UE ha aportado a la historia de las organizaciones de integración económica se encuentra el papel esencial desempeñado por los Tribunales nacionales em la garantia del cumplimiento de los compromisos acordados por los Estados miembros. En una estrategia planificada desde las proprias Instituciones comunitarias, lentamente se erigió um marco constitucional que asegurara una aplicación directa y uniforme del Derecho comunitario en todo el território de la comunidad, y para ello resultaba

No julgamento do caso *Van Gend & Loos*, com acórdão de 5 de fevereiro de 1963, os altos magistrados de Luxemburgo formularam o *princípio da aplicabilidade direta da norma comunitária*. Definiu-se que o direito europeu impõe-se no plano interno dos Estados-membros não apenas no *plano vertical*, ou seja, nas relações entre Estado e particular, mas também no *plano horizontal*, gerando direitos e obrigações nas relações jurídicas entre particulares.[79]

Com esse precedente, as jurisdições nacionais converteram-se em jurisdições comunitárias, incumbidas de salvaguardar o direito europeu no confronto com o direito do respectivo Estado-membro. No papel de juiz comunitário, ao juiz nacional passou a competir: *a)* a desaplicação da norma nacional incompatível com o direito europeu; *b)* a interpretação da norma nacional aplicável em conformidade com os fins e princípios do direito comunitário; *c)* o recurso ao Tribunal de Justiça, por meio do instrumento do *reenvio prejudicial*, em situações nas quais é incerta a interpretação da norma comunitária e *d)* a adoção de soluções não previstas na ordem jurídica nacional para garantir a efetividade do ordenamento comunitário.[80]

O *princípio da aplicabilidade direta da norma comunitária* logo suscitou a questão do conflito entre a norma comunitária e a norma nacional, o que levou à formulação de uma regra de conflitos. No julgamento do caso *Costa* contra *ENEL*, com acórdão proferido em 15 de julho de 1964, o Tribunal de Justiça enunciou o *princípio do primado do direito comunitário sobre o direito nacional*. Embora as normas comunitárias não sejam hierarquicamente superiores às dos direitos nacionais, elas possuem uma especial força conformadora, o que leva à sua aplicação mesmo quando contrariem o direito nacional.[81]

---

esencial la actuación de los Tribunales nacionales. Así, al consagrar los princípios de efecto directo y primacía, no se hizo outra cosa que convertir a los jueces nacionales, junto com el Tribunal de Justicia de las Comunidades, em guardianes del Derecho comunitario. Creando um vínculo relacional entre los pueblos de Europa, sus ciudadanos, y las normas creadas por las Instituciones comunitarias, serían los Tribunales nacionales los encargados de aplicar e interpretar tales normas en cada caso." (Cf. SARMIENTO, Daniel. *Poder Judicial e Integración Europea — La construcción de um modelo jurisdiccional para la Unión*. Madrid: Civitas, 2004. p. 39-41)

(79) Cf. GOMES, José Caramelo. *Lições de Direito da União Europeia*, cit., p. 193-202. O processo envolveu uma empresa holandesa — Van Gend e Loos, que demandou perante os tribunais da Holanda contra a pretensão da administração das alfândegas em cobrar uma taxa aduaneira mais alta na importação de uma substância química da Alemanha. A questão era saber se um particular poderia invocar a disposição do Tratado que proibia expressamente a introdução de novos encargos aduaneiros ou a majoração dos já existentes. Contrariando o parecer de vários governos e de seu advogado-geral, o Tribunal de Justiça adotou o entedimento da aplicabilidade interna imediata das disposições comunitárias que fossem claras, precisas e incondicionais, posição que se afigurava mais adequada à natureza e aos objetivos da Comunidade (Cf. PAIS, Sofia Oliveira. Princípio do efeito directo. *In:* PAIS, Sofia Oliveira (coord.). *Princípios fundamentais de direito da União Europeia*. Coimbra: Almedina, 2011. p. 11-36).

(80) Cf. BORGOGELLI, Franca. O direito e a jurisprudência social comunitária. *In: Questões Laborais*. Coimbra, 1997. p. 187.

(81) Cf. GOMES, José Caramelo. *Lições de Direito da União Europeia*, cit., p. 193-202. Em 1962, a Itália nacionalizou a produção e a distribuição de eletricidade, transferindo o patrimônio das empresas do setor para a sociedade ENEL. Enquanto acionista de uma das empresas atingidas pela nacionalização,

Em conjunto, esses dois princípios — *aplicabilidade direta da norma comunitária e primado do direito comunitário sobre o direito nacional* — asseguram a eficácia do direito comunitário. Criado por força dos poderes previstos nos Tratados, ele tem o primado sobre toda e qualquer norma de direito nacional que o contrarie. Em caso de conflito, a norma comunitária prevalece não só sobre a legislação já existente, mas também sobre todas as normas posteriores, o que impede o direito interno de introduzir disposições que contrariem o direito da União.[(82)]

O último passo na afirmação do direito comunitário envolve o direito constitucional dos Estados-membros. Nesse campo, a situação permanece indefinida. Inicialmente, fundado na unidade substantiva do direito comunitário, bem como no princípio da não discriminação em razão da nacionalidade, o Tribunal de Justiça inclinou-se a aplicar o direito comunitário sem atender aos limites das ordens constitucionais nacionais, reproduzindo no âmbito europeu a tradicional estrutura em pirâmide do direito dos Estados nacionais.[(83)]

Mas as reações de alguns tribunais constitucionais a uma aplicação do direito comunitário que contrariasse princípios fundamentais da ordem constitucional nacional levaram a uma jurisprudência mais cautelosa. Em certa medida, a orientação que se seguiu salvaguarda a supremacia dos princípios fundamentais das constituições nacionais, na concepção própria que cada Estado-membro tem a respeito disso.[(84)] Por isso, em matéria de princípios constitucionais, o "modelo da

---

Flaminio Costa argumentou perante um tribunal de Milão que a lei de nacionalização violava uma série de disposições do Tratado de Roma. O tribunal italiano provocou o Tribunal de Justiça sobre as questões prejudiciais envolvendo o sentido das disposições do Tratado. Em seu acórdão, o Tribunal de Justiça assim se pronunciou sobre a natureza jurídica da Comunidade Econômica Europeia: "Diversamente dos tratados internacionais ordinários, o Tratado CEE instituiu uma ordem jurídica própria que é integrada no sistema jurídico dos Estados-Membros a partir da entrada em vigor do Tratado e que se impõe aos seus órgãos jurisdicionais nacionais. Efetivamente, ao instituírem uma Comunidade de duração ilimitada, dotada de instituições próprias, de capacidade jurídica, de capacidade de representação internacional e, mais especialmente, de poderes reais resultantes de uma limitação de competências ou de uma transferência de atribuições dos Estados para a Comunidade, estes limitaram, ainda que em domínios restritos, os seus direitos soberanos e criaram, assim, um corpo de normas aplicável aos seus nacionais e a si próprios." (Cf. MARTINS, Patricia Fragoso. Princípio do primado do direito da União. *In: Princípios fundamentais de direito da União Europeia*, cit., p. 37-87)

(82) Cf. HESPANHA, Antonio Manuel. *O caleidoscópio do direito:* o direito e a justiça nos dias e no mundo de hoje, cit., p. 341. Com maiores detalhes, v. AMARAL, Diego Freitas do; PIÇARRA, Nuno. O Tratado de Lisboa e o princípio do primado do direito na União Europeia: uma evolução na continuidade. Disponível em: <http://www.fd.unl.pt/docentes_docs/ma/np_MA_7966.doc>, e MARQUES, Francisco Paes. O primado do direito da União Europeia: do acórdão Costa c. Enel ao Tratado de Lisboa. *In: Estudos em homenagem ao Professor Doutor Paulo de Pitta Cunha.* I, cit., p. 191-209.

(83) Cf. HESPANHA, Antonio Manuel. *O caleidoscópio do direito:* o direito e a justiça nos dias e no mundo de hoje, cit., p. 341-342.

(84) A relação do Tribunal de Justiça com os tribunais nacionais nasceu *horizontal* e evoluiu para um modelo claramente *hierarquizado*. Mas a situação é diferente quando intervêm os Tribunais Constitucionais, dado que a relação ainda preserva um caráter *horizontal* e *discursivo* (Cf. SARMIENTO, Daniel. *Poder judicial e integración europea — La construcción de um modelo jurisdiccional para la Unión*, cit., p. 49-50).

rede" continua a prevalecer sobre o "modelo da pirâmide", inibindo a primazia do direito comunitário sobre o direito constitucional interno.[85]

Ao lado dos princípios da *aplicabilidade direta do direito da União* e do *primado do direito da União sobre os direitos nacionais*, a articulação entre o direito comunitário e os direitos nacionais completa-se em torno de outros dois domínios, que são: *i)* o *princípio da interpretação conforme* e *ii)* o *princípio da autonomia institucional e processual dos Estados-membros*.[86]

O *princípio da interpretação conforme* quer dizer que o juiz nacional deve dar à lei interna, na medida em que uma margem de apreciação lhe seja concedida por seu direito nacional, interpretação e aplicação conformes às exigências do direito comunitário e, quando isso não for possível, deixar de aplicar a lei nacional que lhe for contrária.[87]

Já o *princípio da autonomia institucional e processual dos Estados-membros* significa que compete à ordem jurídica interna de cada Estado-membro definir as jurisdições e regular as formas processuais de ação destinadas a assegurar em juízo a salvaguarda dos direitos que os particulares retiram do efeito direto do direito comunitário.[88]

---

(85) "A doutrina, no entanto, oscila. Uma corrente, favorável a uma relação reticular e interactiva da relação entre direito comunitário e direitos constitucionais nacionais, opina que 'fica excluída a hipótese de o princípio do primado impor ao juiz nacional a aplicação de uma norma de direito comunitário que acarrete a violação de princípios materialmente constitucionais e, por isso mesmo, irreversíveis da ordem constitucional de um Estado-Membro. Na verdade, por força do princípio da congruência estrutural entre a Constituição da UE e as Constituições dos Estados-Membros, '*uma tal norma seria desde logo contrária ao* higher law *da própria União e por conseguinte anulável pelo TJ*'. Os que, em vez do paradigma reticular, seguem defendendo a primazia do direito comunitário sobre o direito constitucional interno, ou invocam a naturalidade de *acquis communautaire* [*i.e.*, os desenvolvimentos autónomos do direito comunitário subsequentes aos primeiros tratados, entre os quais se contaria a vigência interna e superior do direito europeu, de acordo com a jurisprudência do TJ], nomeadamente no domínio económico, ou fundam-se na ideia de que a construção jurídica da Europa corresponde a um 'processo constituinte evolutivo', que produziria 'revisões não convencionais' nas Constituições dos Estados." (Cf. HESPANHA, Antonio Manuel. *O caleidoscópio do direito:* o direito e a justiça nos dias e no mundo de hoje, cit., p. 342-343)

(86) Cf. GOMES, José Caramelo. *Lições de Direito da União Europeia*, cit., p. 235.

(87) Cf. PAIS, Sofia Oliveira. Princípio da intepretação conforme. *In: Princípios fundamentais de direito da União Europeia*, cit., p. 89-103.

(88) Cf. GOMES, José Caramelo. *Lições de Direito da União Europeia*, cit., p. 248.

7. O sistema judiciário da União Europeia: a figura do *reenvio prejudicial* e o papel criativo da jurisprudência do Tribunal de Justiça

O Tribunal de Justiça desempenha duas importantes funções. A primeira é verificar a compatibilidade dos atos das instituições europeias e dos governos nacionais com os tratados constitutivos, finalidade para a qual são ordenados os instrumentos da *ação por incumprimento*, da *ação por omissão* e o *recurso de anulação*. A segunda é pronunciar-se, a pedido de um tribunal nacional, sobre a validade ou interpretação de normas do direito comunitário, finalidade para a qual é ordenado o mecanismo do *reenvio prejudicial*.(89)

O *reenvio prejudicial* é o principal instrumento destinado à interpretação e aplicação uniforme do direito comunitário. Trata-se de um mecanismo de cooperação judicial que permite a qualquer jurisdição nacional provocar o Tribunal de Justiça sobre a correta *interpretação* ou apreciação da *validade* do direito comunitário de que depende a solução de um conflito concreto.(90)

Embora possa ser solicitado pelos litigantes, é o tribunal nacional quem delibera sobre a necessidade de provocar o Tribunal de Justiça.(91) Se o tribunal nacional julgar que a provocação é necessária, suspende o processo até que o Tribunal de Justiça se manifeste sobre a *questão prejudicial*. Após a deliberação do Tribunal de Justiça, o tribunal nacional prossegue no julgamento do pedido principal, acolhendo ou rejeitando-o, mas obedecendo à decisão do Tribunal de Justiça sobre a questão prejudicial.(92)

---

(89) Cf. GOMES, José Caramelo. *Lições de Direito da União Europeia*, cit., p. 111-126; SARMIENTO, Daniel. *Poder judicial e integración europea — La construcción de um modelo jurisdiccional para la Unión*, cit., p. 50-62.

(90) Cf. QUADROS, Fausto de. *Direito da União Europeia*, cit., p. 487 e 458. "Creada como una solución de compromiso entre los defensores de uma estructura jurisdiccional descrentralizada y quienes defendían una organización uniforme y centralista, la cuestión prejudicial es uma formula de cooperación que permite a los Tribunales nacionales aplicar la norma comunitaria, dejando en manos del juez comunitario, el Tribunal de Justicia, la interpretación y el enjuiciamento de la misma. A pesar de la elegante distinción entre aplicación e interpretación consagrada por el Tratado, en el fondo no se estaba diciendo nada, y prácticamente quedaba em manos del Tribunal de Justicia la definición de los límites entre la interpretácion y la aplicacíon de las normas comunitárias." (Cf. SARMIENTO, Daniel. *Poder judicial e integración europea — La construcción de um modelo jurisdiccional para la Unión*, cit., p. 50-51)

(91) "A decisão de suscitar a questão prejudicial é de competência exclusiva do juiz nacional. As partes não podem dirigir-se diretamente ao Tribunal de Justiça para lhe colocar uma questão prejudicial, nem podem completar uma questão suscitada por um tribunal nacional. Daqui decorre que é o juiz nacional que tem o monopólio da iniciativa do processo prejudicial." (Cf. MARTINS, Ana Maria Guerra. *Manual de Direito da União Europeia*, cit., p. 559-560)

(92) Cf. QUADROS, Fausto de. *Direito da União Europeia*, cit., p. 476-477.

No exercício dessa função, o Tribunal de Justiça não deve extrair nem uma interpretação excessivamente abstrata, que não resolveria as dúvidas que levaram o juiz nacional a suscitar a questão prejudicial, nem uma interpretação demasiadamente próxima do caso concreto, que pode produzir um efeito oposto, que é o de prejulgar o caso concreto.(93) Por isso, "o acórdão do Tribunal de Justiça apresenta-se, de certa forma, a meio caminho entre apreciação abstracta típica do assento e a concreção do precedente".(94)

A omissão dos tratados levou o Tribunal de Justiça a construir uma teoria sobre os efeitos materiais de seus acórdãos prejudiciais. À luz do princípio da interpretação uniforme do direito comunitário, o acórdão obriga não apenas o juiz que suscitou a questão prejudicial, mas todos os tribunais nacionais que se defrontarem com a mesma questão, o que não exclui a autonomia de um tribunal nacional suscitar a questão prejudicial em casos futuros, sempre que vislumbrar elementos novos que possam levar o Tribunal de Justiça a alterar o entendimento sobre uma determinada questão prejudicial.(95)

Daí o Tribunal de Justiça recusar aos seus acórdãos prejudiciais o atributo de *caso julgado*, preferindo qualificá-los em conformidade com o regime do *precedente* que caracteriza o modelo pretoriano anglo-saxônico.(96) Conforme essa lógica, o acórdão prejudicial obriga todos os tribunais nacionais, não somente o que suscitou a questão. Mas, na eventualidade de a questão prejudicial ser novamente suscitada, o Tribunal pode modificar a jurisprudência se assim julgar adequado ou necessário, com o que ressalva o caráter evolutivo da integração europeia.(97)

Na busca de soluções que não figuravam de modo explícito nos tratados, a jurisprudência do Tribunal de Justiça exerceu um papel fundamental na consolidação

---

(93) Cf. QUADROS, Fausto de. *Direito da União Europeia*, cit., p. 464-465.

(94) Cf. GORJÃO-HENRIQUES, Miguel. *Direito Comunitário*, cit., p. 402; com maiores detalhes, v. SARMIENTO, Daniel. *Poder judicial e integración europea — La construcción de um modelo jurisdiccional para la Unión*, cit., p. 80-94.

(95) "As interpretações do Tribunal de Justiça são vinculativas para todas as jurisdições nacionais dos Estados-membros, bem como para qualquer órgão do Estado na acepção do princípio da cooperação e ainda para as restantes instituições comunitárias." (Cf. GOMES, José Caramelo. *Lições de Direito da União Europeia*, cit., p. 121)

(96) "È ben nota l'attitudine della Corte ad intendere Il proprio ruolo non in termini di pura intepretazione delle norme dei Tratatti e di loro applicazione al caso al suo esame, sentendosi piuttosto svincolata da um stretto rispetto delle norme e svolgendo uma funzione di evoluzione, di impulso, se non addirittura 'creativa' del diritto, com um ruolo equiparabile a quello dell giudice nei sistemi di *common law* o del *praetor* del diritto romano." (Cf. INGRAVALLO, Ivan. La Corte di giustizia tra diritto di sciopero e libertà economiche fondamentali. Quale bilanciamento? *In: Il conflito sbilanciato...*, cit., p. 38)

(97) Cf. QUADROS, Fausto de. *Direito da União Europeia*, cit., p. 481. "Encontram-se na doutrina as mais diversas qualificações do sentido e alcance das pronúncias prejudiciais do Tribunal de Justiça. Por nós, estas apenas vinculam o juiz do processo — o que efectuou o reenvio e todos os que, ainda que em sede de recurso, venham a conhecer do mesmo processo —, mas boa parte da doutrina e dos tribunais nacionais tende a considerar que a vinculação fáctica excede em muito a que resulta da lógica formal do sistema." (Cf. GORJÃO-HENRIQUES, Miguel. *Direito comunitário*, cit., p. 401-402)

do direito comunitário.[98] Nomeadamente em matéria social, a intervenção da Corte revestiu caráter inovador e favoreceu a evolução do direito comunitário, tanto no que se refere ao direito secundário como no que diz com o direito primário, inspirando, em certa medida, a revisão dos tratados.[99]

Esse "valor normativo" da jurisprudência do Tribunal de Justiça está na origem da metáfora da "Europa dos juízes".[100] A expressão tem dois sentidos opostos: um *virtuoso* e outro *pejorativo*. Na primeira acepção, ela serve para louvar o esforço criativo da jurisprudência do Tribunal de Justiça no sentido de estimular a integração jurídica ao ritmo da integração econômica, política, social e monetária. Na segunda, significa "governo dos juízes" e serve para verberar a atuação dos juízes ao exorbitarem de suas atribuições e se substituírem ao "legislador" europeu, o que, além de colocar em risco a legitimidade democrática, favorece efeitos sistêmicos imprevisíveis e indesejados.[101]

Com nome diferente, o tema corresponde à polêmica questão do *ativismo judicial*.[102] A expressão foi cunhada nos Estados Unidos e significa a participação mais ampla e intensa das instituições judiciais na concretização dos valores e objetivos constitucionais, em detrimento das instâncias políticas tradicionais, que são o legislativo e o executivo. O oposto do ativismo é a *autocontenção judicial*, conduta pela qual as instituições judiciais procuram reduzir sua interferência na esfera de atuação dos demais poderes, evitando, por exemplo, a atuação direta da Constituição em situações que não estejam no seu âmbito de incidência expressa, aguardando o pronunciamento do legislador.[103]

A crescente rejeição da doutrina ao ativismo judicial abstrai a crítica ideológica,uma vez que, conforme a perspectiva do intérprete, o resultado do ativismo tanto pode ser compreendido como algo progressista ou conservador.[104] O discurso

(98) Cf. GOMES, José Caramelo. *Lições de Direito da União Europeia*, cit., p. 124-125.

(99) Cf. DUARTE, Maria Luisa. Direito comunitário do trabalho. *In: Estudos do Instituto de Direito do Trabalho*, I. Almedina, 2001, p. 163 e RAMALHO, Maria do Rosario Palma. *Direito Social da União Europeia*, cit., p. 54-56. Mas como assinala Umberto Carabelli, a recente jurisprudência da Corte em matéria de destacamento revela que a questão dos direitos sociais assume outro colorido, bem mais conservador, quando envolve o equilíbrio entre o poder social e o econômico (Cf. *Europa dei mercati e conflito sociale*, cit., p. 191).

(100) A locução é o título do livro de Robert Lecourt — "L'Europe des juges" —, antigo presidente do Tribunal de Justiça entre 1967 e 1976.

(101) Cf. QUADROS, Fausto de. *Direito da União Europeia*, cit., p. 291-292.

(102) Cf. DUARTE, Maria Luisa. *Direito comunitário do trabalho*, cit., p. 163.

(103) Cf. BARROSO, Luis Roberto. Constituição, democracia e supremacia judicial: direito e política no Brasil contemporâneo. Disponível em: <http://www.migalhas.com.br>. Acesso em: 15 fev. 2010, p. 6-7.

(104) Em suas origens, o ativismo judicial nos Estados Unidos era essencialmente conservador. "De fato, foi na atuação proativa da Suprema Corte que os setores mais reacionários encontraram amparo para a segregação racial (*Dred Scott v. Sanford,* 1857) e para a invalidação das leis sociais em geral (Era *Lochner*, 1905-1937), culminando no confronto entre o Presidente Roosevelt e a Corte, com a mudança da orientação jurisprudencial contrária ao intervencionismo estatal (*West Coast v. Parrish*,

do momento, à direita e à esquerda, defende a redução do ativismo judicial e a valorização do papel do poder legislativo, até porque, em diferentes momentos, a impressão que fica é que, na volta do pêndulo, desenvolve-se uma jurisprudência contrária aos direitos fundamentais.(105)

Os motivos contrários ao ativismo judicial ecoaram com força no espaço europeu com os julgamentos do Tribunal de Justiça nos casos *Viking*, *Laval* e *Rüffert*, em que a leitura da Diretiva n. 96/71 por um filtro exageradamente liberal resultou na subordinação dos direitos sociais às liberdades econômicas.(106) Nos três casos, avalia-se que a atuação da Corte "invadiu" o direito interno, em mais um exemplo da "infiltração" do direito comunitário por meio da jurisprudência em setores que são objeto tradicional do direito nacional.(107)

Nessa linha, argumenta-se que escolhas políticas capazes de atingir diretamente os sistemas nacionais de direito do trabalho, como é a definição do ponto de equilíbrio entre as liberdades econômicas e o direito de greve, a liberdade de organização sindical e de contratação coletiva, não podem ficar nas mãos de uma instituição "politicamente irresponsável" como o Tribunal de Justiça, cujo poder é fundado exclusivamente nos poderes delegados pelos Estados-membros.(108)

1937). A situação se inverteu no período que foi de meados da década de 50 a meados da década de 70 do século passado. Todavia, depois da guinada conservadora da Suprema Corte, notadamente no período da presidência de William Rehnquist (1986-2005), coube aos progressistas a crítica severa ao ativismo judicial que passou a desempenhar." (Cf. BARROSO, Luis Roberto. *Constituição, democracia e supremacia judicial: direito e política no Brasil contemporâneo*, cit., nota n. 27, p. 7)

(105) Cf. BARROSO, Luis Roberto. "A americanização do direito constitucional e seus paradoxos: teoria e jurisprudência constitucional no mundo contemporâneo". Disponível em: <http://www.migalhas.com.br>. Acesso em: 15 fev. 2010, p. 37.

(106) Cf. CARABELLI, Umberto. Europa dei mercati e conflito sociale, cit., p. 186-195; HÖPNER, Martin. Political answers to judicial problems? Europe after Viking, Laval and Rüffert. *In: Europe Trade Union Institute-REHS*. Disponível em: <http://www.etui.org>.

(107) "In passato è già successo con riferimento a pronunce della Corte che hanno coinvolto il diritto commerciale, il diritto costituzionale, il diritto di famiglia, ecc., ed è all'ordine del giorno con riferimento ad esempio al diritto penale, come dimonstrano alcune recenti pronunce in matéria di *ne bis in idem*." (Cf. INGRAVALLO, Ivan. La Corte di giustizia tra diritto di sciopero e libertà economiche fondamentali. Quale bilanciamento? *In: Il conflito sbilanciato,* cit., p. 37)

(108) Cf. CARABELLI, Umberto. *Europa dei mercati e conflito sociale*, cit., p. 189. "A Corte utiliza essas armas duvidosas [i.é: a *primazia do direito procedente dos tratados sobre direitos dos Estados membros*; o *efeito direto das decisões*; e o *reenvio prejudicial*] para ditar o direito em geral e o direito social em particular. Assim, em dezembro de 2007, e em nome da liberdade de estabelecimento, deu razão à empresa finlandesa de embarcações *Viking Line*, que queria se deslocar para a Estônia para pagar salários estonianos, e não finlandeses. Da mesma forma, deu ganho de causa à queixa da sociedade letã *Laval*, que durante a construção de uma escola na Suécia pretendia pagar salários letões e não suecos. Enfim, em abril de 2008, com o decreto *Rüffert*, ela invalidou uma lei do estado alemão da Baixa Saxônia que obrigava empresas de serviços públicos a aplicar a convenção coletiva desse setor na outorga de mercados igualmente públicos. Com a jurisprudência que criou, a Corte de Luxemburgo se comportou como legisladora do *dumping social* dentro da União, desprezando o direito do trabalho de cada Estado-membro. Temos de convir que não se trata de um papel político desprezível. Um dos méritos desses três decretos é o de lembrar que o conteúdo das decisões da comunidade europeia não pode ser dissociado dos procedimentos utilizados para tomá-las. Observa-se, no entanto,

Em função disso, defende-se que o fortalecimento democrático que o Tratado de Lisboa conferiu ao espaço de decisão política da União enfraquece a legitimidade do ativismo judicial que predominou na atuação do Tribunal em passado recente, que, doravante, deverá concentrar-se no papel de interpretação e aplicação do direito comunitário, respeitando com maior empenho a fronteira que separa o direito da política.(109)

---

que o 'modelo político' europeu é fundado em uma estreita articulação, para não dizer integração, entre as disposições dos tratados e o conteúdo dos instrumentos jurídicos que os concretizam, assim como as instituições que os adotam. Desse ponto de visa, a Corte é uma peça central do dispositivo da comunidade, já que permite tapar os eventuais 'buracos' legislativos e aumentar seus próprios territórios de intervenção, como sistematicamente fez a Comissão Europeia, utilizando em todas as direções a arma da concorrência. Seus decretos vão, quase sempre, no mesmo sentido: o da assimilação do 'interesse europeu' às sacrossantas 'liberdades fundamentais' de circulação dos capitais, de mercadorias, dos serviços e das pessoas — as únicas que merecem esse qualificativo. Se, no lugar de produzir continuamente políticas neoliberais, outra forma de construção europeia fosse escolhida, com medidas de harmonização social ou fiscal, colocando as finanças a serviço do emprego e não o contrário, nada demonstra que ela sofreria com a mesma intensidade a 'fratura democrática' que caracteriza sua atual configuração. Um outro 'funcionalismo', uma 'Europa dos resultados', mas com outros resultados, poderiam talvez conferir-lhe a legitimidade que lhe falta." (Cf. CASSEN, Bernard. A fratura exposta da democracia. *In: Le Monde Diplomatique*. Edição brasileira, jul. 2008)

(109) Cf. DUARTE, Maria Luisa. *O Tratado de Lisboa...*, cit., p. 87. Na perspectiva de Luis Roberto Barroso, "O direito pode e deve ter uma vigorosa pretensão de autonomia em relação à política. Isso é essencial para a subsistência do conceito de Estado de direito e para a confiança da sociedade nas instituições judiciais. Essa autonomia, todavia, será sempre relativa. Reconhecer este fato não envolve qualquer capitulação, mas antes dá transparência a uma relação complexa, na qual não pode haver hegemonia nem de um nem de outro. A razão pública e a vontade popular — o direito e a política, se possível em maiúscula — são os dois polos do eixo em torno do qual o constitucionalismo democrático executa seu movimento de rotação. Dependendo do ponto de observação de cada um, às vezes será noite, às vezes será dia" (Cf. *Constituição, democracia e supremacia judicial:* Direito e política no Brasil contemporâneo, cit., p. 39). Em relação à União Europeia, Sofia Oliveira Pais argumenta com a inevitabilidade da utilização do método teleológico: "Tendo em conta a pluralidade de linguagens, os ambientes político-económicos diferentes, as tradições jurídicas distintas na União, a necessidade de o Tribunal frequentemente colmatar a inércia legislativa, evitar a 'manipulação' do texto das normas jurídicas, garantir a 'transparência' na ponderação dos vários fins envolvidos (por vezes conflituantes) bem como da escolha realizada, e orientar os tribunais nacionais (designadamente no contexto do reenvio prejudicial), a verdade é que a interpretação teleológica será a mais adequada às especificidades da União. E daí que a questão a colocar não seja tanto a de saber se o Tribunal de Justiça criou lei (até porque toda operação de interpretação tem necessariamente uma dimensão criativa, que pode ser, ou não, pró-integracionista), mas sim qual é o fim (*telos*) da União Europeia. Ora, esta finalidade encontra-se estabelecida no sistema legal, nos preâmbulos dos Tratados e nos princípios gerais de direito da União, tendo estes últimos adquirido na jurisprudência do Tribunal de Justiça uma posição de superioridade hierárquica em relação a certas disposições normativas consideradas sobretudo de índole técnica. Nesta perspectiva, que nos parece claramente a mais adequada, o método de interpretação teleológica não representa ativismo judicial, no sentido de uma 'inserção arbitrária na arena política', mas sim o resultado do sistema jurídico europeu, mantendo-se o Tribunal de Justiça dentro de suas competências" (Cf. O Tratado de Lisboa e a renovação das instituições da União Europeia. *In: Cadernos "O Direito" — O Tratado de Lisboa*. Coimbra: Almedina, 2010. p. 348). Sobre o mesmo tema: SILVEIRA, Alessandra. *Princípios de direito da união europeia*, cit., p. 97; MARINHO, Helena Gaspar. CLS/TJUE — Indeterminação do direito e activismo judicial. *In:* HESPANHA, António Manuel (coord.). *Teoria da argumentação e neo-constitucionalismo — um conjunto de perspectivas*. Coimbra: Almedina, 2011. p. 57-77.

8. O percurso de construção do espaço social europeu

Conquanto haja algum exagero em acusar os "pais fundadores" da União Europeia de "frigidez social",(110) é inegável que o objetivo que os movia era a formação de um grande mercado comum, fundado sobre os princípios da livre iniciativa e da livre concorrência, em que a dimensão social era secundária, subordinada à capacidade espontânea do mercado em promover a melhoria das condições sociais.(111)

A aproximação das legislações sociais dos Estados-membros teria um caráter instrumental, destinado a assegurar condições de igualdade entre as empresas para favorecer a realização do mercado comum. Por essa lógica, o *princípio da livre circulação de trabalhadores* resulta do *princípio geral da liberdade de estabelecimento*; as regras sobre *formação profissional* ligam-se à *competitividade*; o *princípio da igualdade de remuneração entre homens e mulheres* promove o *princípio fundamental da livre concorrência* ao impedir situações de *dumping* social que se refletem nos preços dos produtos.(112)

Apesar da prioridade da economia, uma política social autônoma impunha-se para o êxito do projeto de integração. Primeiro porque a plenitude do mercado comum implica harmonização social, já que a efetiva mobilidade de trabalhadores exige um padrão mínimo de garantias em termos de proteção social e condições de trabalho. Segundo, porque o projeto de integração não poderia prescindir da adesão dos trabalhadores, o que exigia a afirmação de uma clara dimensão social. Terceiro,

---

(110) Cf. MANCINI, Giuseppe. Principi fondamentali di diritto del lavoro nell'ordinamento delle Comunità Europee. *In: Il lavoro nel diritto comunitario e l'ordinamento italiano*. Padova: CEDAM, 1988. p. 26.

(111) O art. 117 do Tratado de Roma, a principal cláusula social do documento, dispunha que os Estados-membros reconheciam a necessidade de "promover a melhoria das condições de vida e de trabalho dos trabalhadores, de modo a permitir a sua igualização no progresso", que resultaria, em primeiro lugar, do "funcionamento do mercado comum, que favoreceria a harmonização dos sistemas sociais". Caso o automatismo do mercado não fosse suficiente para tanto, os Estados-membros poderiam utilizar-se "dos procedimentos previstos no presente Tratado e da aproximação das disposições legislativas, regulamentares e administrativas". Como observa Jürgen Habermas, a ideia de inspiração liberal, segundo a qual o progresso social resulta, antes do mais, da expansão econômica — deixem os ricos tornarem-se mais ricos e, depois, a riqueza chegará aos pobres —, é uma falácia. "Há anos que se acumulam provas que demonstram que este prognóstico é errado. Os efeitos do aumento da riqueza são distribuídos de forma tão assimétrica, tanto a nível nacional como mundial, que as zonas de pobreza cresceram diante de nossos olhos." (Cf. *Um ensaio sobre a constituição da Europa*, cit., p. 142)

(112) Cf. RAMALHO, Maria do Rosario Palma. *Direito social da União Europeia*, cit., p. 29-30; FERNANDES, Antonio Monteiro. *Direito do Trabalho*, cit., p. 78; ABRANTES, José João. *Do Tratado de Roma ao Tratado de Amsterdam* — a caminho de um Direito do Trabalho europeu?, cit., p. 164-166.

porque a existência de um modelo social, em passo igual com a democracia política e a economia de mercado, é elemento que integra a própria identidade europeia.(113)

Diversos obstáculos dificultaram a evolução do direito europeu em matéria social. De um lado, as profundas diferenças dos direitos nacionais em matéria de tutela jurídica do trabalho e de segurança social, que travaram a harmonização de legislações perseguida pelo direito comunitário.(114) De outro lado, os custos associados à criação de regras sociais no plano comunitário, que forjaram uma força econômica contrária à aprovação de normas destinadas à harmonização das legislações nacionais em matéria social.(115) Além disso, a exigência de unanimidade dos Estados-membros para aprovação de instrumentos normativos em um campo

---

(113) Cf. ABRANTES, José João. *Do Tratado de Roma ao Tratado de Amsterdam* — a caminho de um Direito do Trabalho europeu?, cit., p. 162-163. Distinguem-se quatro modelos de política social na União Europeia: *i)* o *modelo nórdico* (Dinamarca, Finlândia, Suécia e Holanda); *ii)* o *modelo anglo-saxônico* (Irlanda e Reino Unido); *iii)* o *modelo continental* (Alemanha, Áustria, Bélgica, França e Luxemburgo): *iv)* o *modelo mediterrânico* (Espanha, Grécia, Itália e Portugal). "Embora o desenho e funcionamento dos quatro modelos seja diferente, eles refletem um sólido conjunto de características, princípios e valores, nomeadamente a liberdade, a igualdade e a solidariedade, que têm inspirado os sistemas sociais de todos os Estados-membros. Em todos os sistemas verifica-se o envolvimento do governo com vista à redução da pobreza e da exclusão social, à redistribuição do rendimento, à proteção social, à promoção da igualdade de oportunidades e ao acesso à saúde e educação. O modelo social europeu corresponde assim a uma unidade de valores com uma diversidade de sistemas de aplicação desses mesmos valores. Foi com base neste modelo social que a Europa registrou, ao longo das últimas seis décadas, sucessos verdadeiramente notáveis, entre outros aspectos, na consolidação da paz, criação de riqueza, redução das desigualdades e garantia do acesso universal ao ensino e aos sistemas de saúde. Contudo, devemos reconhecer que o modelo social europeu apresenta limitações e deve procurar adaptar-se, de uma forma sustentável, à nova realidade europeia e mundial, determinada, sobretudo, pela globalização e pelo envelhecimento da população." (Cf. PENEDA, José Silva; BRAGA, Catarina. Modelo social europeu. *In: Novo dicionário de termos europeus*, cit., p. 292-293)

(114) Conforme Pedro Adão e Silva, "A diversidade é talvez a marca distintiva mais forte da política social dos Estados-membros. Se bem que haja princípios partilhados pelo conjunto dos países que integram a União, estes manifestam-se de modo diverso, quer em termos institucionais, quer em termos políticos. Esta diversidade tem levado vários autores a identificarem diferenças importantes nas economias políticas europeias, com consequências para o modo como é produzido o bem-estar. São estas diferenças que nos permitem identificar três modelos dominantes de Estado Providência na Europa — o *social-democrata*, o *corporativo* e o *liberal* —, que podem ser declinados em cinco, se considerarmos dois outros que correspondem mais a espaços geográficos do que a princípios políticos dominantes — o da Europa do Sul e o dos países do alargamento a Leste. Esta diversidade na organização institucional e nos princípios políticos em que se encontram encastradas as políticas sociais domésticas, por si só, tem representado um grande obstáculo aos objetivos de harmonização e ou convergência da política social ao nível europeu." (Cf. O futuro da política social europeia: entre eficácia e normatividade. *In:* FERREIRA, Eduardo Paz (coord.). *25 anos na União Europeia — 125 reflexões*. Coimbra: Almedina, 2011. p. 557-558)

(115) Como explica Maria do Rosario Palma Ramalho, "As medidas sociais podem entrar em rota de colisão com os objectivos de promoção da livre iniciativa econômica e da livre concorrência, que constituem o eixo central do próprio mercado comum das Comunidades Europeias, uma vez que passam pela imposição de limites à liberdade negocial dos empresários, envolvem encargos financeiros e convocam directamente os próprios Estados membros para a respectiva execução. Dito de outro modo, as medidas sociais conflituam, até certo ponto, com os pilares econômicos liberais das Comunidades Europeias, e esse conflito travou historicamente o crescimento do direito comunitário em matéria social" (Cf. *Direito social da União Europeia*, cit., p. 32-34).

tão sensível tornava particularmente difícil a obtenção de consenso para a criação de regras sociais.(116)

O clima de forte tensão social no fim dos anos 1960 reforçou a importância da dimensão social no projeto de integração. Em 1974, foi aprovado o primeiro programa na matéria.(117) Além de enfatizar a interdependência entre ação econômica e ação social, explicitou que a expansão econômica não é um fim em si mesmo, mas algo que deve se converter em melhoria da qualidade de vida. O programa convergia para três grandes objetivos: *i)* a realização do "pleno e melhor emprego"; *ii)* a melhoria das condições de vida e de trabalho; *iii)* a participação dos trabalhadores na vida da empresa e a dos atores sociais nas decisões econômicas e sociais da Comunidade. As diretivas foram o principal instrumento para a consecução dessas metas em um dos mais fecundos períodos da política social comunitária, tanto que ainda hoje elas representam uma parcela importante do direito social da União Europeia.(118)

O impulso decisivo para a alteração dos objetivos originais dos tratados fundadores, com a atribuição de um relevo primário à dimensão social, elevada ao mesmo patamar das liberdades econômicas, ocorreu com a aprovação de quatro instrumentos fundamentais: *i)* o Ato Único Europeu (1986); *ii)* a Carta Comunitária para os Direitos Sociais Fundamentais dos Trabalhadores (1989); *iii)* o Tratado de Maastricht (1992) e *iv)* o Tratado de Amsterdam (1997).(119)

A política social comunitária dos anos 1980 foi marcada pela difícil situação econômica decorrente do segundo choque petrolífero, das sucessivas ondas de reestruturação

---

(116) "O conjunto destes obstáculos tem levado a que, ao longo dos tempos, tenham sido seguidos caminhos alternativos na integração das políticas sociais europeias. Estes caminhos assentaram numa opção política mais ou menos explícita para contornar os obstáculos em lugar de os enfrentar ou remover. Perante a natureza essencialmente intergovernamental do projecto de construção europeia, a Comissão, com um impulso particularmente intenso durante o consulado de Jacques Delors, estabelecendo coligações de geometria variável com alguns Estados-membros, foi ao longo do tempo promotora de um conjunto de iniciativas que, anda que com escasso carácter vinculativo, foi eficaz na disseminação de um legado cognitivo nas políticas sociais — designadamente através de diversos instrumentos de *'soft law'*." (Cf. SILVA, Pedro Adão e. *O futuro da política social europeia:* entre eficácia e normatividade", cit., p. 559)

(117) "Até 1972, as questões relacionadas com política social encontravam-se associadas ao funcionamento do mercado comum. Entre as iniciativas em matéria social levadas a cabo até a década de 70 destaca-se a criação do Fundo Social Europeu (1957) e a melhoria da mobilidade dos trabalhadores através da coordenação dos regimes de segurança social. Em meados da década de 70, intensificou-se a acção da Comunidade em matéria de trabalho e de política social. O primeiro programa de acção social aprovado pelo Conselho data de 1974 e incluía medidas em torno da igualdade de género no mercado de trabalho, da proteção do emprego, da saúde e da segurança." (Cf. PENEDA, José Silva; BRAGA, Catarina. Política social europeia. *In: Novo dicionário de termos europeus*, cit., p. 361)

(118) Cf. ROCCELLA, Massimo; TREU, Tiziano. *Diritto del lavoro dell'Unione Europea*, cit., p. 11-12. São desse período as diretivas sobre igualdade entre homens e mulheres em matéria de retribuição, de condições de trabalho e de regime previdenciário; sobre a proteção dos trabalhadores em caso de dispensas coletivas, transferência de empresa e insolvência do empregador; sobre a proteção da saúde, com particular atenção a riscos específicos. É desse mesmo período a criação do órgão europeu para o desenvolvimento da formação profissional, da Fundação de Dublim para a melhoria das condições de vida e de trabalho, do comitê consultivo para a segurança, higiene e proteção da saúde do trabalhador.

(119) Cf. RAMALHO, Maria do Rosario Palma. *Direito social da União Europeia*, cit., p. 36.

produtiva e do enfraquecimento das forças sindicais. Esse cenário favoreceu a ofensiva político-cultural do neoliberalismo, que atribuía à atuação sindical e aos excessos das legislações sociais a perda da competividade da economia europeia. Como remédio, propunha-se a introdução de formas difusas de desregulação e de flexibilidade nos sistemas nacionais de direito do trabalho e no mercado europeu.[120]

Apesar da oposição neoliberal à regulação social em nível comunitário, considerada como potencial agravante dos males europeus, a harmonização impunha-se pela adesão à Comunidade de países como a Grécia, em 1980, Portugal e Espanha, em 1986, caracterizados por condições de trabalho e de remuneração inferiores às dos antigos membros, bem como por taxas de desemprego mais elevadas.[121] Outro estímulo para a mudança assentava na previsão de que o futuro da Europa dependia da aceleração no processo de integração, em ordem a transformar o mercado comum em uma verdadeira união econômica e monetária.[122]

Seguiu-se o Ato Único Europeu, relevante no campo social por duas razões. Primeiro, porque implantou o *diálogo social* ao nível europeu, reconhecendo o papel dos parceiros sociais e abrindo a possibilidade de celebração de convenções coletivas de nível comunitário. Segundo, porque diminuiu o elenco de matérias de ordem social em que vigorava o princípio da unanimidade no Conselho, o que facilitou a aprovação de instrumentos normativos envolvendo aspectos sociais do trabalho. Além disso, revigorou os propósitos comunitários em matéria social, que

---

(120) Cf. ROCCELLA, Massimo; TREU, Tiziano. *Diritto del lavoro dell'Unione Europea*, cit., p. 13.

(121) Cf. ROCCELLA, Massimo; TREU, Tiziano. *Diritto del lavoro dell'Unione Europea*, cit., p. 12-13. "Em 12 de Junho de 1985, Portugal e Espanha, respectivamente, em Lisboa e Madrid, assinam com as Comunidades o Tratado de adesão. Portugal havia requerido a abertura de negociações em março de 1977 e a Espanha em Julho do mesmo ano. O Tratado de adesão entrou em vigor em 1º de Janeiro de 1986. Construía-se, desse modo, a *Europa dos Doze*, com 320 milhões de cidadãos. Com a entrada dos dois Estados da Península Ibérica aprofundou-se a distância entre os Estados ricos e pobres das Comunidades e, por isso, não admira que tenha sido então que começaram a surgir no léxico da integração europeia expressões como 'integração a duas velocidades', 'Europa de geometria variável', 'Europa à carta', etc. Essas expressões exprimiam a concepção segundo a qual os Estados mais ricos deviam assumir a função de 'locomotivas' da integração e gozar das regalias a isso inerentes, podendo, inclusivamente, avançar na integração mais depressa do que os outros." (Cf. QUADROS, Fausto de. *Direito da União Europeia*, cit., p. 43)

(122) O principal protagonista do Ato Único Europeu foi o presidente da Comissão Europeia, Jacques Delors. O socialista francês promoveu a União Econômica e Monetária como elemento chave no processo de integração e, para equilibrar os avanços da união comercial que beneficiariam diretamente os empresários, propôs a aprovação de uma Carta Social que garantisse níveis mínimos sociais aos trabalhadores europeus. Ele assim resumiu os objetivos do Ato Único: "O Ato Único é, numa frase, a obrigação de realizar simultaneamente o grande mercado sem fronteiras e também, a coesão económica e social, uma política europeia de investigação e tecnologia, o reforço do Sistema Monetário Europeu, o começo de um espaço social europeu e de ações significativas em relação ao meio ambiente". A liderança de Jacques Delors enfrentou a forte oposição da primeira-ministra britânica Margaret Thatcher, que, além de contrária à integração europeia, liderou o processo conhecido como "revolução neoliberal", que postulava menor intervenção do Estado na economia e na proteção social, a liberalização da economia, a diminuição do poder dos sindicatos e a redução dos impostos (Cf. <http://www.historiasiglo20.org/europortug/actounico.htm>. Acesso em: 22 out. 2011).

se traduziram no combate ao desemprego e na proposta de elaboração de uma Carta Social.(123)

O passo seguinte veio com a *Carta Comunitária para dos Direitos Sociais Fundamentais dos Trabalhadores*, declaração solene da vontade política de realizar um conjunto de objetivos sociais. O propósito foi o de formar um "núcleo social" para os trabalhadores europeus, destinado a impedir a pressão para o rebaixamento das condições de trabalho, o *dumping* social impelido pelos imperativos da competitividade internacional e pelas tensões internas entre os países fortes e fracos da Comunidade.(124) Foi o primeiro texto normativo autônomo em matéria social no plano comunitário, em que pese não ter sido subscrito por todos os Estados-membros e, por isso, não ter adquirido caráter vinculativo.(125)

O Tratado de Maastricht é o terceiro momento no percurso de valorização da dimensão social da União Europeia. O *Acordo de Política Social*, aprovado em Protocolo Anexo ao Tratado, em virtude da oposição do Reino Unido, assentou as bases para o surgimento de uma legislação comunitária abrangente em matéria social.(126) Primeiro, porque ampliou os objetivos comunitários na esfera social, por meio de uma competência concorrente com os Estados-membros. Em segundo lugar, alargou o elenco de matérias que poderia ser objeto de intervenção comunitária por meio de maioria qualificada, alcançando as "condições de trabalho". Até então, a regra era a unanimidade, excluídas as questões ligadas ao "ambiente de trabalho". A inclusão das "condições de trabalho" entre as matérias que poderiam ser objeto de deliberação por maioria permitiu abranger a generalidade do tratamento normativo das relações de trabalho, visto que a locução já era interpretada de maneira ampla pela jurisprudência do Tribunal de Justiça. Por fim, acentuou o papel da negociação coletiva ao nível europeu como método para a convergência em matéria social.(127)

---

(123) Cf. ROCCELLA, Massimo; TREU, Tiziano. *Diritto del lavoro dell'Unione Europea*, cit., p. 13-15; RAMALHO, Maria do Rosario Palma. *Direito social da União Europeia*, cit., p. 37.

(124)Cf. Cf. ROCCELLA, Massimo; TREU, Tiziano. *Diritto del lavoro dell'Unione Europea*, cit., p. 15.

(125) Cf. RAMALHO, Maria do Rosario Palma. *Direito social da União Europeia*, cit., p. 38, v. nota 52-53.

(126) "Em Maastricht, o Governo britânico, que também não subscrevera a Carta Social, desaprovou as normas sociais negociadas para a União Europeia. A solução então encontrada, para impedir o puro e simples vazio, foi a de incluir essas normas num 'Protocolo Relativo à Política Social', anexo ao Tratado da União, aprovado pelos restantes 11 Estados-membros. O Reino Unido ficou de fora, vinculado apenas às normas sociais do Tratado de Roma e do Ato Único. A situação era de dualidade de regulamentações no âmbito da União: uma política social a 11, segundo as normas do Protocolo, sem o Reino Unido; e uma política social a 12, com o Reino Unido, com maiores dificuldades de decisão e, portanto, menos regulamentações. A situação tinha implicações desfavoráveis, designadamente com a legitimação do *dumping* social. Um exemplo claro sobre a utilização de regras sociais mínimas como 'vantagem comparativa' foi dado, em 1995, pela deslocalização de unidades industriais da Hoover de França para Inglaterra" (Cf. ABRANTES, José João. Do Tratado de Roma ao Tratado de Amsterdam — a caminho de um Direito do Trabalho europeu? *In: Questões Laborais,* Coimbra, n. 16, p. 169, 2000).

(127) Cf. ROCCELLA, Massimo; TREU, Tiziano. *Diritto del lavoro dell'Unione Europea*, cit., p. 18-22. "Embora ressalvando a 'diversidade das práticas nacionais' e a 'competitividade', o Acordo confere uma acentuação nova — já não directamente instrumental — à acção comunitária no domínio social. Esta primeira constatação é reforçada por duas vias: *a)* o *alargamento das competências comunitárias* no mesmo

O último passo na trajetória de afirmação da dimensão social do projeto europeu é o Tratado de Amsterdam. Sobre consolidar a proteção dos direitos fundamentais como eixo de atuação da União Europeia, incorporou, após a superação da reserva inicial do Reino Unido, as disposições do Acordo de Política Social contido no Protocolo Anexo ao Tratado de Maastricht.(128) Outra inovação veio com a inserção de um novo título sobre emprego, que, posicionado significativamente após o título relativo à "política econômica e monetária", atribuiu dimensão "constitucional" à matéria.(129)

Ao cabo desse percurso, chegou-se ao expresso reconhecimento em uma fonte primária do direito comunitário da relevância dos direitos sociais fundamentais para a União Europeia, conferindo força vinculativa aos princípios sociais. Definiram-se os objetivos de política social da União — a promoção do emprego, a melhoria as condições de trabalho e da proteção social, o diálogo entre os parceiros sociais e a diminuição das exclusões sociais —, com a consequente ampliação do campo de atuação comunitária em matéria social.(130)

Atualmente, as principais fontes formais do direito comunitário do trabalho são o Tratado da União Europeia, o Tratado do Funcionamento da União Europeia, a Carta dos Direitos Sociais Fundamentais dos Trabalhadores, a Carta dos Direitos Fundamentais da União Europeia, as diretivas e os regulamentos que versem matéria social, a jurisprudência do Tribunal de Justiça e outros atos comunitários atípicos, em

---

domínio: prevê-se agora o estabelecimento de prescrições mínimas sobre matérias que englobam, para além do ambiente de trabalho, as condições de trabalho, a informação e a consulta dos trabalhadores, a igualdade entre homens e mulheres e a integração das pessoas excluídas do mercado de trabalho; *b)* a tendencial *generalização do método da maioria qualificada* nas decisões a tomar sobre aquelas matérias: só ficam de fora os temas *explicitamente* reservados á unanimidade. A intervenção normativa comunitária, assente em *maioria qualificada*, pode ter por objecto as 'condições de trabalho' — uma expressão que começou por ser usada num sentido limitado às exigências do ambiente de trabalho, mas que hoje se tem, liquidamente, por compreensiva do conjunto de regras sobre as relações individuais de trabalho. Este novo espaço de actuação é triplamente limitado: a intervenção comunitária só pode traduzir-se em 'prescrições mínimas aplicáveis progressivamente'; permanecem dependentes de *unanimidade* várias matérias importantes e sensíveis; finalmente, são excluídas da competência comunitária as remunerações. Mas o alcance destas restrições não põe em causa o facto essencial: passou a ser viável a intervenção comunitária, mediante actos normativos (directivas) decididos por maioria qualificada, sobre a generalidade dos temas compreendidos no regime das relações individuais de trabalho. Relativamente à dimensão *colectiva* das relações de trabalho, o Acordo articula duas perspectivas inteiramente diversas para dois domínios fundamentais: relativamente à negociação colectiva, admite-se regulamentação comunitária, embora assente em unanimidade; quanto aos conflitos colectivos, ou melhor, às formas de luta laboral, exclui-se em absoluto a competência comunitária." (Cf. FERNANDES, Antonio Monteiro. *Direito do Trabalho*, cit., p. 79-80)

(128) Cf. RAMALHO, Maria do Rosario Palma. *Direito social da União Europeia*, cit., p. 37-40. "As alterações políticas ocorridas no Reino Unido com a chegada dos trabalhistas ao poder permitiram que, em Amsterdam, as regras e princípios contidos no 'Acordo relativo à política social', aprovado pelo Protocolo anexo ao Tratado de Maastricht, fossem incorporadas ao Tratado da União Europeia. É essa, em matéria social, a novidade do Tratado de Amsterdam, que veio, desse modo, completar a obra iniciada em Maastricht." (Cf. ABRANTES, José João. *Do Tratado de Roma ao Tratado de Amsterdam* — a caminho de um Direito do Trabalho europeu?, cit., p. 169)

(129) Cf. ROCCELLA, Massimo; TREU, Tiziano. *Diritto del lavoro dell'Unione Europea*, cit., p. 27.

(130) Cf. RAMALHO, Maria do Rosário Palma. *Direito social da União Europeia*, cit., p. 40.

que merece destaque o Livro Verde *Modernizar o direito do trabalho para enfrentar os desafios do século XXI*,[131] publicado pela Comissão Europeia em 22 de novembro de 2006 com a finalidade de lançar o debate sobre o futuro dos sistemas de relação de trabalho e segurança social na Europa.[132]

O processo de integração social europeu foi mais intenso na política de emprego e em alguns âmbitos de regulação social, com pouca ou nenhuma repercussão no campo do bem-estar social e das relações coletivas.[133] O fundamental das áreas sociais como os salários, o direito sindical e o direito de greve permanecem na esfera de competência exclusiva dos Estados-membros.[134] Além das dificuldades

---

(131) "Livro Verde" é um documento de reflexão publicado pela Comissão Europeia com o objetivo de lançar o debate e que pode dar origem a textos legislativos. "Enquanto os Livros Brancos apresentam um pacote oficial de propostas em áreas políticas específicas e contribuem para o seu desenvolvimento, os Livros Verdes expõem uma série de ideias para análise e debate público." (Cf. FIALHO, Maria Jose. Livro Verde. *In: Novo dicionário de termos europeus*, cit., p. 274)

(132) Conforme Maria do Rosario Palma Ramalho, "Nos últimos anos têm vindo a ser denunciados, a diversos níveis, os efeitos perversos das tendências de flexibilização dos sistemas laborais, com destaque para a segregação do mercado de trabalho entre os trabalhadores com um contrato de trabalho por tempo indeterminado e os trabalhadores precários e para a falta de segurança no trabalho que decorre, em geral, das políticas de flexibilização interna. Para fazer face a estes efeitos perversos vêm sendo preconizadas — designadamente sob o impulso da Comissão Europeia e com a participação activa dos parceiros comunitários — novas estratégias, que se inspiram em experiências desenvolvidas em alguns Estados da União, com destaque para a Dinamarca e Finlândia. Estas estratégias ficaram conhecidas pelo termo tecnicamente impróprio mas expressivo de '*flexisegurança*'. A ideia geral que parece subjacente a estas estratégias não é, em caso algum, a da contenção da evolução flexibilizante dos regimes laborais, tanto no plano interno (i.é., ao nível da maleabilização dos regimes laborais, nomeadamente no que toca ao regime do despedimento) como no plano externo (através da diversificação dos modelos de contratação laboral), já que se entende que a flexibilização se continua a impor para garantia da competitividade e da produtividade das empresas. Contudo, pretende-se contornar os efeitos perversos da flexibilização através do aumento da tutela dos trabalhadores nas situações de desemprego involuntário e de um maior investimento na formação e qualificação, de modo a facilitar as transições e a reconversão profissional ao longo da vida activa. As estratégias de flexisegurança estão ainda numa fase incipiente e prevê-se que possam vir a conhecer um desenvolvimento muito diversificado nos vários Estados-membros da União Europeia, dado que a tradição laboral e de proteção social dos Estados é, também ela, muito diferente. Por outro lado, a crise financeira e económica dos últimos anos constitui um óbice material de monta à implementação prática destas estratégias, uma vez que elas exigem a aplicação de recursos financeiros consideráveis por parte do Estado." (Cf. *Direito do Trabalho*, I. Coimbra: Almedina, 2009. p. 75-77)

(133) O direito europeu em matéria social estende-se por domínios como a circulação de trabalhadores; o emprego e a formação profissional; as condições de trabalho, segurança e saúde dos trabalhadores; a igualdade de oportunidades e de tratamento entre trabalhadores e a não discriminação no trabalho; as situações laborais atípicas; a proteção dos trabalhadores perante as vicissitudes das empresas; a representação coletiva dos trabalhadores no seio das empresas e a proteção social (Cf. RAMALHO, Maria do Rosario Palma. *Direito social da União Europeia*, cit., p. 39-42 e 67). "Apesar de a diversidade dos sistemas sociais dos Estados-membros dificultar a concretização de uma política social a nível europeu, a União Europeia reúne actualmente um importante *acquis* social. De facto, mais de 200 textos foram adoptados em domínios do direito do trabalho aplicado a nível individual — designadamente no que diz respeito a contratos e relações de trabalho, à não discriminação, à igualdade de tratamento e à saúde e segurança no trabalho — com destaque para a representação, informação e consulta dos trabalhadores, despedimentos colectivos e reestruturação de empresas." (Cf. PENEDA, José Silva; BRAGA, Catarina. Política social europeia. *In: Novo dicionário de termos europeus*, cit, p. 361)

(134) "Se bem que a política social continue, em aspectos essenciais, a ser competência soberana dos Estados-membros, esse vínculo doméstico coexiste com um sistema europeu complexo e a vários níveis

que decorrem da heterogeneidade dos modelos nacionais de bem-estar, esse quadro exprime uma escolha pela soberania social dos Estados-membros, prestigiando uma política de desregulamentação que defende a redução dos custos sociais como principal fator de competitividade, numa ótica neoliberal pela qual um direito do trabalho europeu seria algo inconveniente.[135]

Ao longo dos anos 1990, houve um gradativo abrandamento da atividade normativa europeia no campo social. Apesar do reforço da "coesão jurídica", reduziu-se o peso da harmonização "pelo alto", por meio de diretivas e regulamentos, assim como cresceu a pressão para convergência "por baixo", por meio de negociação coletiva, induzida pela competição entre os sistemas nacionais. A diretiva, que foi o principal instrumento de harmonização, perdeu algo de normatividade ao passar a fixar objetivos, em vez de prescrever comportamentos. A técnica legislativa convencional cedeu passo para a "coordenação por objetivos", um método de atuação que se caracteriza por instrumentos regulativos não vinculativos.[136]

A transição para a intervenção por um mecanismo de *soft law* começou nos anos 1990, motivada por pragmatismo político. Embora fosse necessária uma resposta comunitária ao crescente problema do desemprego, a possibilidade dos Estados-membros aceitarem a ampliação da competência da União nessa matéria era remota, o que excluía a intervenção por meio de normas vinculativas.[137] O campo de aplicação do método da "coordenação por objetivos" foi ampliado no Conselho Europeu de Lisboa, de março de 2000, que lhe atribuiu o nome de "Método Aberto de Coordenação" (MAC) e o destinou para as principais áreas de política social.[138]

---

que, progressivamente, transformou os Estados Providência de entidades soberanas em entidades semi-soberanas. Um dos aspectos decisivos desta nova entidade é que, contrariamente ao que era tradição nos Estados Providência europeus, o essencial das suas competências é de natureza *reguladora* e não *redistributiva*, com a actuação centrada nas condições de trabalho, na igualdade de gênero e na segurança e higiene no trabalho, secundarizando, consequentemente, o que eram tradicionalmente os aspectos centrais das políticas sociais de base nacional (ex: as prestações substitutivas do rendimento e o emprego)." (Cf. SILVA, Pedro Adão e. *O futuro da política social europeia:* entre eficácia e normatividade, cit., p. 558-559)

(135) Cf. MOURA, Jose Barros. Direito do Trabalho e integração económica. *In: Questões Laborais*, Coimbra, n. 5, p. 96, 1995. Nessa linha, o *Relatório Padoa-Schioppa*, elaborado em 1987 por um grupo de peritos designados pela Comissão Europeia, afirma que "os modelos de relação de trabalho, de segurança social, de proteção do emprego e de fixação de salários devem continuar descentralizados, porquanto é vital que os países continuem livres para ajustar os custos e as condições do mercado de emprego quando as taxas de câmbio e as subvenções estão cada vez mais submetidas a regras comuns".

(136) "A questo ammorbidimento di contenuti delle diretiive fa seguito e prende piede progressivamente un cambio di tecnica regolativa, col passagio dell'asse dell'intervento comunitario dalla normativa legislativa al c.d. coordinamento per obiettivi, realizato nelle forme tipiche del *soft law*, ossia mediante strumenti regolativi non vincolanti variamente configurati — adozione di linee guida comuni (*guidelines*), individuazione di *benchmarks* per la misurazione delle *performances* nazionali, promozione e transferimento di 'buone pratiche', sorveglianza multilaterale dei governi nazionali (*peer review*)." (Cf. ROCCELLA, Massimo; TREU, Tiziano. *Diritto del lavoro dell'Unione Europea*, cit., p. 22-23)

(137) Cf. ROCCELLA, Massimo; TREU, Tiziano. *Diritto del lavoro dell'Unione Europea*, cit., p. 23.

(138) "O método aberto de coordenação consiste num processo de tomada de decisão que não conduz a medidas legislativas vinculativas e nem impõe aos Estados-membros a alteração da respectiva

O método tem aspectos positivos e negativos. De positivo, além da virtude de permitir a superação de uma situação de impasse político institucional para a qual a técnica legislativa convencional mostra-se inadequada, ele tem a potencialidade de estimular processos de *mutual learning*, favorecendo uma "harmonização reflexiva", mais adequada para intervir nas dinâmicas condições das sociedades de nosso tempo. O ponto negativo do método é a sua debilidade intrínseca, já que é incapaz de superar a resistência dos ordenamentos jurídicos sobre os quais deveria influir, uma vez que não conta com o apoio de mecanismos de controle minimamente vinculativos, como aqueles que foram adotados, por exemplo, no pacto de estabilidade para a coordenação financeira. Por isso, pode servir para esconder a renúncia definitiva à formulação de uma verdadeira política social europeia, o que favorece a desregulação e a competição entre os Estados-membros, situação que já é alimentada pela concorrência internacional e pelos países do Leste.(139)

Estima-se que o regresso a intervenções harmonizadoras fortes é improvável, com exceção de setores e âmbitos restritos. O princípio da subsidiariedade, progressivamente afirmado na praxe comunitária a partir de Maastricht, confirma a tendência de autocontenção.(140) Essa tendência não significa que a adoção do método de coordenação deva restringir a atuação da União à mera enunciação de princípios. Ainda que muitas intervenções no mercado de trabalho possam se servir com eficiência de instrumentos indiretos de coação, como as várias formas de incentivos financeiros e a ação de instituições públicas destinadas à prestação de serviços socialmente relevantes, a afirmação constitucional dos direitos sociais deve

legislação. Destina-se a difundir as melhores práticas para certas políticas e a atingir uma maior convergência das políticas nacionais no sentido dos objetivos principais da União Europeia. Consiste num mecanismo político intergovernamental voluntário que privilegia as orientações gerais e abertas em detrimento das normas, não prevê sanções formais a aplicar aos Estados-membros que não agirem em conformidade e não é dotado de força executiva. Tendencialmente é aplicado em certos domínios de competência dos Estados-membros, como o emprego, a proteção social, a inclusão social, educação e formação profissional, a juventude, investigação e desenvolvimento, política empresarial ou imigração. No âmbito deste método intergovernamental, os Estados-membros são avaliados pelos outros Estados-membros e monitorados pelo Conselho — a chamada '*peer pressure*', ou 'pressão dos pares' —, competindo à Comissão unicamente uma função de vigilância. A participação do Parlamento e do Tribunal de Justiça é marginal. Regra geral, o método aberto de coordenação processa-se por fases. O Conselho começa por identificar e definir os objetivos políticos comuns. Segue-se a transformação, pelos Estados-membros, das orientações em políticas nacionais e regionais. Num terceiro tempo, são acordados os instrumentos de aferição comuns e indicadores de desempenho específicos destinados a avaliar as melhores práticas (indicadores, estatísticas, linhas diretrizes). Por último, os resultados são controlados e avaliados através de *benchmarking*, isto é, procede-se à comparação dos desempenhos dos Estados-membros." (Cf. DAVID, Mario. Método Aberto de Coordenação. *In: Novo dicionário de termos europeus*, cit., p. 375)

(139) Cf. ROCCELLA, Massimo; TREU, Tiziano. *Diritto del lavoro dell'Unione Europea*, cit., p. 24-25.

(140) Vale lembrar que o princípio da subsidiariedade foi incorporado no Tratado de Maastricht para compensar as modificações então introduzidas e consideradas centralizadoras, como o alargamento das atribuições da União, o aumento dos casos de votação por maioria qualificada no Conselho e o reforço dos poderes do Parlamento Europeu (Cf. MARTINS, Ana Maria Guerra. *Manual de Direito da União Europeia*, cit., p. 281-282).

representar um sinal contrário para impedir o enfraquecimento nos correspondentes instrumentos de proteção.(141)

O final dos anos 1990 tornou o cenário social e econômico ainda mais complexo. De um lado, o acirramento da competição global aumentou a pressão sobre a economia, fragilizando os tradicionais mecanismos de proteção social. De outro lado, a aceleração das inovações tecnológicas e organizacionais revolucionou os sistemas produtivos e as formas convencionais de trabalho, com repercussões no aspecto quantitativo e qualitativo do emprego. Além disso, o alargamento aos países do Leste, muito diferentes dos então membros da União quanto às condições econômicas, de renda, de estrutura produtiva e social, bem como nas condições de trabalho e de bem-estar, encetou outra ameaça ao modelo social europeu com a pressão competitiva exercida por economias com custos e condições de trabalho mais baixos.(142)

A resposta a esses desafios veio com o Conselho Europeu de Lisboa, de março de 2000, que estabeleceu uma agenda econômica, política e social para o horizonte de 2010, destinada a transformar a União Europeia "*na economia baseada no conhecimento mais competitiva e dinâmica do mundo, capaz de garantir um crescimento sustentável, com mais e melhores empregos e com maior coesão social*".(143) Essa ambiciosa proposta ficou conhecida como "Estratégia de Lisboa" e, como se sabe, não alcançou os objetivos a que se propôs.(144)

---

(141) Cf. ROCCELLA, Massimo; TREU, Tiziano. *Diritto del lavoro dell'Unione Europea*, cit., p. 25-26.

(142) *Ibidem*, p. 28-29.

(143) *Ibidem*, p. 29-30. "Como resposta aos problemas do fraco desempenho económico, a Europa tem adoptado, sistematicamente, uma estratégia de 'fuga para frente', no sentido de aprofundamento da integração económica: primeiro através do programa para o mercado único, a seguir com a criação da União e Económica e Monetária — UEM, e depois com a ambiciosa 'estratégia de Lisboa', segundo a qual a economia europeia deveria, até 2010, ser a mais competitiva e inovadora do mundo." (Cf. FREIRE, Paula Vaz. *A União Europeia em busca de um modelo de* economia social *de mercado*, cit., p. 1.025)

(144) "Os principais objectivos visavam atingir uma taxa de emprego global de 70%, uma taxa de emprego entre as mulheres acima dos 60%, uma taxa de emprego entre os trabalhadores mais idosos de 50% e um crescimento econômico anual de 3%. A Estratégia de Lisboa abarcava praticamente todas as actividades da União Europeia nas áreas econômicas, sociais e ambientais e dela constavam, dentre outras, as seguintes linhas de força: *i)* preparar a transição para uma economia e uma sociedade baseadas no conhecimento; *ii)* modernizar o modelo social europeu, investindo nas pessoas e combatendo a exclusão social; *iii)* adoptar o conceito de desenvolvimento sustentável através da conciliação do crescimento econômico com preocupações ambientais e sociais. Após quatro anos de implementação, um Grupo de Alto Nível, presidido pelo antigo primeiro-ministro holandês Win Kok e composto por peritos nacionais independentes, publicou um relatório intercalar de avaliação da Estratégia de Lisboa que demonstrou que os progressos realizados pelos Estados-membros para alcançar os objectivos tinham sido escassos. Perante este cenário, a Comissão Europeia decidiu reequacionar as prioridades fixadas pela Estratégia, focando as preocupações dos cidadãos europeus no crescimento econômico e no emprego. Esta revisão intercalar definiu o modo como a EU poderia alcançar o seu objectivo em matéria de crescimento e de emprego, de forma mais simples, precisa, pragmática e concreta, e apoiada por um programa de acção a nível da União e por um programa de acção nacionais que incluíam compromissos claros." (Cf. PENEDA, Jose Silva; BRAGA, Catarina. Estratégia de Lisboa. *In: Novo dicionário de termos europeus*, cit., p. 186)

O Tratado de Lisboa, assinado em 2007, aponta para uma maior preocupação com o aspecto social em comparação aos documentos que o antecederam. Entre os valores, o art. 2º do TUE inclui a dignidade, a igualdade, a solidariedade e a paridade entre homens e mulheres. Quanto aos objetivos, o art. 3º do TUE adota a fórmula da "economia social de mercado altamente competitiva que tenha como meta o pleno emprego e o progresso social", que substitui a tradicional referência à economia de mercado aberta e em livre concorrência.[145] De particular importância é o art. 6º do TUE, que reconhece aos direitos fundamentais da Carta de Nice o mesmo valor jurídico que os tratados. Em relação ao conjunto de competências da União em matéria social, houve uma articulação por setores, mas sem inovações em virtude da persistente ausência de acordo entre os Estados-membros a propósito do tema.[146]

Já no contexto da crise financeira que rebentou em 2008, o Conselho Europeu de Bruxelas lançou, em março de 2010, a "Estratégia Europa 2020", a versão atualizada da "Estratégia de Lisboa", com outra ambição e maior realismo, visando assegurar a saída da crise e preparar a economia para a próxima década. Os progressos para alcançar essas metas serão avaliados em função de cinco objetivos ao nível da União, que os Estados-membros deverão traduzir em objetivos nacionais, tendo em conta os seus diferentes pontos de partida: *i)* 75% da população de idade compreendida entre 20 e 64 anos deve estar empregada; *ii)* 3% do PIB da União deve ser investido em pesquisa e inovação; *iii)* os objetivos em matéria de clima e energia "20/20/20" devem ser efetivamente cumpridos; *iv)* a taxa de abandono escolar deve ser inferior a 10%, e pelo menos 40% da geração mais jovem deve dispor de um diploma do ensino superior; *v)* 20 milhões de pessoas devem deixar de estar sujeitas ao risco de pobreza.[147]

Em junho de 2011, pressionado pelo agravamento da crise, o Conselho Europeu adotou o "Pacto Euro +", cujas prioridades afastam-se em parte dos objetivos

(145) "A inclusão da expressão *economia social de mercado* no Tratado da União Europeia representa não apenas um inequívoco reforço da dimensão social da construção europeia, mas também a opção por um modelo socio-económico com características determinadas. Desde os anos oitenta que, com maior ou menor intensidade, os problemas associados ao denominado 'défice social' têm marcado presença na agenda europeia. Nesta senda, as sucessivas reformas dos Tratados foram desenhando uma progressiva constitucionalização de matérias de índole social como complemento de um enquadramento de integração eminentemente económico. Este percurso de aprofundamento da Europa social surge agora coroado pela consagração de uma norma fundamental, ou seja, de um princípio constitucional sintetizador do modelo social europeu. Na actualidade, como nunca antes no passado, os cidadãos da União reclamam esse modelo, ao acentuar-se a percepção de que, sendo a autonomia económica e monetária dos Estados-Membros cada vez mais difusa, não é a eles, mas sim às Instituições europeias, que cabe dar respostas para problemas como o emprego e a protecção social. A Europa assume agora o desígnio de se construir como uma *economia social de mercado*, parametrizando, nestes termos, a consolidação do seu modelo social." (Cf. FREIRE, Paula Vaz. *A União Europeia em busca de um modelo de economia social de mercado*, cit., p. 1021)

(146) Cf. ROCCELLA, Massimo; TREU, Tiziano. *Diritto del lavoro dell'Unione Europea*, cit., p. 33-36.

(147) Cf. COELHO, Carlos. Estratégia Europa 2020. *In: Novo dicionário de termos europeus*, cit., p. 188-189.

estipulados na "Estratégia Europa 2020".[148] É uma evidência de que a escassa eficácia das iniciativas europeias em matéria social não decorre somente da complexidade dos objetivos e da fragilidade dos mecanismos de controle, mas também da falta de empenho político em encontrar um consenso não só genérico sobre o modelo social e econômico europeu. No fundo, a fragilidade do "Método Aberto de Coordenação" reproduz a fraca vontade dos atores políticos europeus em se empenhar por iniciativas comuns no plano social. Dessa forma, as políticas sociais seguem complementares às políticas econômicas e a Europa social continua a ser o "*weakest link*" do projeto de integração.[149]

Ainda que persistam muitos dos obstáculos à integração social, e que ao longo dos últimos anos outros tenham surgido,[150] é inegável que já existe um importante

---

(148) Cf. GOULARD, Sylvie; MONTI, Mario. *A Democracia na Europa:* uma perspectiva de futuro, cit., p. 59. O "Pacto Euro +", proposto por Alemanha e França, à época presidida por Nicolas Sarkozy, visa modificar políticas econômicas, sociais e fiscais dos Estados que integram a zona euro por meio das seguintes medidas: i) vinculação dos salários à produtividade, com ênfase à negociação individual frente à negociação coletiva e redução dos salários no setor público para que se nivelem à média do setor privado; ii) aumento da flexibilidade do direito do trabalho e redução da carga fiscal sobre as empresas para estimular o emprego; iii) redução do *déficit* público para até 3% do PIB; iv) controle do sistema bancário mediante testes periódicos para evitar os riscos que levaram à crise financeira de 2008.

(149) Cf. ROCCELLA, Massimo; TREU, Tiziano. *Diritto del lavoro dell'Unione Europea*, cit., p. 40.

(150) "No passado, a construção de um modelo social europeu, correspondente a uma transferência de responsabilidades e competências dos Estados-membros para a esfera europeia, esteve sempre inibida por força da 'assimetria constitucional' presente desde os momentos fundadores, da prioridade ao mercado único, da diversidade institucional e política e da ausência de consenso político. Aquando da aprovação da Estratégia de Lisboa de 2000, e ainda beneficiando do investimento político na Europa social que caracterizou o consulado Delors, aparentemente muito dos constrangimentos do passado estavam a ser ultrapassados, ou pelo menos havia sido encontrada uma forma virtuosa para os contornar. Hoje, não só muitos deles parecem ter regressado, como estamos perante novos, cuja intensidade é, aliás, superior. À cabeça, naturalmente, a actual *crise económico-financeira*. Para além de diminuir os recursos disponíveis necessários a uma estratégia comum ao nível social, tem sido reveladora da natureza intergovernamental da União Europeia e das dificuldades em consensualizar e fazer convergir respostas políticas [...]. Um segundo constrangimento, que aliás se encontra interligado com o anterior, prende-se com a *crescente fragmentação da paisagem política europeia*. O processo de construção europeia, desde o início, mas de modo particularmente intenso no aprofundamento de sua componente social, assentou num amplo consenso entre as duas famílias políticas dominantes — democratas-cristãos e sociais-democratas. Ora esse consenso já não existe nos moldes do passado e tem sido manifestamente impossível reinventar uma constelação política favorável à construção de uma Europa social. Não por acaso, nos mecanismos onde é mais difícil progredir sem participação do Conselho, os progressos sociais têm sido quase inexistentes — como prova a paralisia na utilização do método comunitário, o que leva a que seja difícil recordar qual foi a última directiva social a ser aprovada. Um terceiro constrangimento remete para as *sucessivas vagas de alargamento*. Se os seis Estados fundadores pertenciam todos à mesma família de Estado Providência (corporativista), os sucessivos alargamentos têm incrementado a diversidade institucional nas questões sociais, inibindo a integração nestas áreas. De facto, parece haver um *trade-off* mais ou menos implícito entre alargamento e aprofundamento da integração para além do mercado único. A opção por tornar a União um espaço político bem mais amplo — com todas as vantagens associadas — limita objectivamente a ambição de aprofundar a integração das políticas sociais. Além do mais, esta opção tem objectivamente potenciado coligações entre Estados-membros que, historicamente, têm resistido aos progressos na integração social (ex. Reino Unido), aqueles que por força da conjuntura política doméstica defendem a mesma posição (ex. Holanda e Dinamarca) e os que têm padrões sociais menos exigentes e veem nisso uma

espaço de normas comunitárias em matéria social e uma melhor coordenação das políticas sociais nacionais. Se não é possível cogitar de um "modelo social europeu", partilhado e integrado à imagem do que se passa com a política monetária, há ao menos o consenso de que "a política social europeia já não ocupa o estatuto de Cinderela, onde boas intenções e grandes princípios convivem com pouca ação".(151)

---

vantagem competitiva (ex. os do alargamento a Leste), fazendo regressar a ameaça de *dumping* social" (Cf. SILVA, Pedro Adão e. *O futuro da política social europeia: entre eficácia e normatividade*, cit., p. 564-565).

(151) Cf. SILVA, Pedro Adão e. *O futuro da política social europeia: entre eficácia e normatividade*, cit., p. 558. O autor indaga se a dimensão dos atuais obstáculos deve levar-nos a tomar como inviável que a União desempenhe qualquer tipo de papel efetivo nas políticas sociais dos Estados-membros. Afirma que há um descompasso evidente entre a formulação de grandes objetivos de caráter normativo e a capacidade de europeizar as políticas domésticas. Os tempos não estão para ambições de harmonizar políticas sociais à imagem de outras áreas. A forma mais eficaz de trazer áreas sociais para o topo da agenda política europeia é por meio de um objetivo programático que permita conciliar perspectivas políticas divergentes. Neste contexto, "a etiqueta *flexigurança*, ao combinar institucionalização da negociação com um equilíbrio entre protecção social com adaptabilidade, é um recurso que não foi plenamente explorado e que continua a ser, nos tempos recentes, a experiência mais conseguida de integração nas áreas sociais". Outra linha de intervenção que foi abandonada e que poderia ser recuperada é o *diálogo social*. Ao mesmo tempo em que permite reintroduzir a negociação como estratégia eficaz para ultrapassar alguns dos bloqueios que as economias políticas europeias enfrentam, permite fazê-lo de modo diferenciado. "Uma possibilidade realista seria, por exemplo, acordos de geometria variável, que envolvessem apenas os países que partilham características institucionais comuns ou que têm preferências políticas do mesmo tipo." Outro eixo passa por, mantendo a centralidade do tema emprego, complementá-lo com outras dimensões sociais. "A formação de activos continua a ser um eixo central, quer para a competitividade das economias europeias, quer para a própria coesão social. Ainda que seja desejável que haja, a este nível, um reforço da coordenação suave, esta pode bem ser uma área onde seria possível avançar através da instituição de um direito a um mínimo comum, por exemplo, através da fixação de um número de horas por ano para formação de activos". Por fim, ressalta que "os níveis de desigualdade continuam a ser uma das debilidades estruturais do espaço europeu, que coexistem com a incapacidade da União para desenvolver respostas comuns ou, no mínimo, para concertar diagnósticos e boas soluções. Explorar-se a hipótese de criar uma linha de pobreza europeia, absoluta, operacionalizada em paridades de poder de compra (sensível às disparidades nacionais e regionais), poderia ser uma forma de mobilizar a sociedade para o combate à pobreza, ao mesmo tempo em que aumentaria a saliência política do tema" (*op. cit*, p. 567-569).

9. O destacamento de trabalhadores: noções gerais e os critérios do Direito Internacional Privado

A expressão "destacamento de trabalhadores" designa a situação de trabalhadores que têm emprego num país e que se deslocam temporariamente a outro para executar o seu trabalho por conta do próprio empregador em decorrência de um contrato de trabalho preexistente.(152)

Ao longo do século XX, junto com a expansão das multinacionais, cresceu o fenômeno de empregados de empresas situadas em um determinado país que passam a trabalhar no território de outro. No começo, a situação restringiu-se aos altos escalões e a trabalhadores altamente qualificados, até em virtude dos custos que acarreta, mas se tornou mais frequente na segunda metade do século XX, em função da globalização e da liberdade de circulação de pessoas, bens e serviços no espaço europeu.(153)

Na União Europeia, cerca de um milhão de trabalhadores são destacados além-fronteiras pelos respectivos empregadores a cada ano, o que corresponde a 0,4% da mão de obra europeia. Os principais países de destino são Polônia, Alemanha, França, Luxemburgo, Bélgica e Portugal.(154)

Os trabalhadores destacados desempenham um importante papel, colmatando insuficiências de mão de obra e de competências em várias regiões e setores, como a construção, a agricultura e os transportes. O destacamento também tem significativa relevância na prestação de serviços especializados que demandam qualificações elevadas, como as tecnologias da informação.(155)

A mobilidade de trabalhadores por meio do destacamento suscitou variadas questões no âmbito do direito comunitário. A mais importante foi definir o regime

---

(152) Cf. GOMES, Julio. *Direito do Trabalho*. I. Coimbra, 2007, p. 61-62. O destacamento não se confunde com a emigração. De acordo com o art. 11º da Convenção n. 97 da Organização Internacional do Trabalho — OIT, os emigrantes são pessoas que se deslocam a outro país para procurar um emprego e para ocupar um emprego nesse outro país. No destacamento, as pessoas que já têm emprego num país deslocam-se temporariamente para outro, para executarem um trabalho, por conta de seu empregador, em virtude de um contrato já existente.

(153) Cf. NASCIMENTO, André P.; ANACORETA, Jose Pedro. Destacamento de trabalhadores. *In: Foro de Actualidad*, 18/2007, p. 120.

(154) Cf. "Comissão pretende melhorar a proteção dos trabalhadores destacados". Bruxelas, 21 mar. 2012. Disponível em: <http://europa.eu/rapid/press-release_IP-12-267_pt.htm>.

(155) Cf. "Comissão pretende melhorar a proteção dos trabalhadores destacados", cit.

jurídico a que se subordina a prestação de serviços desses trabalhadores quando as condições de trabalho consagradas na lei do país de origem são menos favoráveis do que as que vigoram no país de acolhimento.[156]

É sabido que cada ordem jurídica tem um âmbito espacial de aplicação, que corresponde ao território do respectivo Estado. Quando uma situação jurídica contata com mais de uma ordem jurídica nacional, por interessar a mais de um Estado, há um conflito de leis no espaço, o que torna necessário definir qual dos direitos internos é que se deve aplicar na solução da questão jurídica em causa.[157]

A resposta é obtida por meio da aplicação de normas especiais que definem os critérios pelos quais em cada caso concreto se determina a lei cabível para solucionar o conflito. São as *regras de conflito*, normas que, embora não regulem diretamente a relação jurídica, fixam os critérios para que, em cada situação concreta, possam determinar as normas cabíveis à resolução do litígio.

As regras de conflito compõem-se de dois elementos: *i) o conceito-quadro* e *ii) o elemento de conexão*. Por meio do primeiro, identifica-se um determinado instituto ou ramo do direito objetivo, mediante a respectiva designação; com o segundo, escolhe-se o critério que, em cada caso concreto, permitirá determinar sobre a lei aplicável à solução do litígio.[158]

O contrato de trabalho é objeto de regras de conflito específicas, contidas no art. 6º da Convenção de Roma de 1980, mantida no essencial pelo Regulamento (CE) n. 593/2008, de 17 de junho de 2008, que a substituiu na disciplina da lei aplicável às obrigações contratuais no âmbito da União Europeia.[159]

As regras de conflito da Convenção de Roma amparam-se em três postulados: *i)* as partes têm liberdade de escolha da lei aplicável ao contrato de trabalho; *ii)* na falta de escolha, aplica-se a lei do país onde o trabalhador presta habitualmente o seu trabalho; *iii)* em caráter excepcional, aplica-se a lei de outro país com o qual o contrato de trabalho tem uma relação mais próxima.[160]

---

(156) Cf. VICENTE, Dário Moura. Destacamento internacional de trabalhadores. *In: Estudos em homenagem ao professor doutor Raúl Ventura*. II. Coimbra, 2003, p. 789.

(157) Cf. RIBEIRO, Manuel Almeida. *Introdução ao Direito Internacional Privado*. Coimbra: Almedina, 2009. p. 9-12.

(158) *Ibidem*, p. 12-16.

(159) O art. 24 do Regulamento n. 593/2008 estabelece o seguinte: "1. O presente regulamento substitui, entre os Estados-Membros, a Convenção de Roma, com excepção dos territórios dos Estados-Membros que são abrangidos pelo âmbito de aplicação territorial da Convenção e que ficam excluídos do presente regulamento por força do art. 299º do Tratado; 2. Na medida em que o presente regulamento substitui as disposições da Convenção de Roma, as referências feitas à referida Convenção entendem-se como sendo feitas ao presente regulamento". Diante dessa regra, no corpo do texto principal será mantida a antiga numeração da Convenção de 1980. As regras de conflito estabelecidas pelo Regulamento passaram a ter aplicação desde 17 de dezembro de 2009.

(160) Cf. VICENTE, Dário Moura. *Destacamento internacional de trabalhadores*, cit., p. 790.

A regra fundamental é a da eleição da lei aplicável à relação jurídica. Essa liberdade de escolha é a expressão de um princípio fundamental da Convenção, que é o da autonomia privada. No campo do contrato de trabalho, este princípio sofre uma importante restrição: a liberdade de escolha não pode privar o trabalhador da proteção que seria obtida com a incidência das normas imperativas da lei que teria aplicação na falta de eleição (art. 6º, n. 1 e 2).

Essa solução exprime um compromisso entre duas tendências de sinal inverso, que marcaram a evolução do Direito Internacional Privado no século XX. De um lado, o reconhecimento da faculdade de escolha da lei aplicável às relações jurídicas que contatem mais de uma ordem jurídica. De outro, a imposição de restrições ao exercício dessa faculdade, ou ao âmbito de eficácia da lei escolhida, nos domínios em que caiba a proteção do interesse público ou do sujeito mais frágil da relação jurídica. O equilíbrio é alcançado com a prevalência das "normas favoráveis" ao trabalhador, o que supõe uma comparação prévia à aplicação da regra de conflitos, efetuada em face das circunstâncias de cada caso concreto.[161]

Mas a norma do n. 2 do art. 6º da Convenção dispõe que, na falta de escolha, o contrato reger-se-á pela lei do país em que o trabalhador, na execução do contrato, realiza *habitualmente* o seu trabalho, mesmo quando *temporariamente* encontra-se noutro país. Se o trabalho não se realizar habitualmente num mesmo país, aplicar-se-á a lei do país em que se encontra o estabelecimento que o contratou, a não ser que do conjunto das circunstâncias resulte que o contrato de trabalho tem laços mais estreitos com outro país.

Devido a esse critério, a Convenção de Roma não oferece solução satisfatória para disciplinar a situação de trabalhadores *temporariamente* destacados para outro Estado-membro ao serviço da empresa em que trabalham, pois, quando não há escolha da lei reguladora do contrato, aplica-se a lei do país onde *habitualmente* ocorre a prestação de serviço, que é a *lei do país de origem* do trabalhador.[162]

Em face das diferenças entre os padrões salariais dos Estados-membros, acentuadas com os alargamentos que incorporaram os países do Leste, esse critério permitiria que empresas sediadas em países que têm salários mais elevados recorressem sistematicamente à transferência internacional de mão de obra por meio de filiais ou de empresas sediadas em Estados-membros onde os salários são mais baixos.

A consequência seria um ambiente propício ao *dumping* social — a obtenção de vantagens competitivas mediante a ilegítima redução de custos salariais —, o que, além de deturpar a concorrência e prejudicar os trabalhadores dos Estados-membros

(161) Cf. VICENTE, Dário Moura. *Destacamento internacional de trabalhadores*, cit., p. 791.

(162) *Ibidem*, p. 793.

mais desenvolvidos, colocaria em risco a paz social devido ao ambiente de tensão gerado com a ameaça concreta de rebaixamento das condições sociais.(163)

(163) *Idem*. Há uma complexa rede de interesses em jogo no destacamento, que não envolve apenas os trabalhadores destacados e seus empregadores. Quando as condições de emprego no Estado de origem são inferiores às exigidas pelo Estado de acolhimento, os interesses dos empregadores do Estado de origem são no sentido de que a relação de trabalho seja regulada apenas pelas leis de seu próprio Estado, situação que lhes aportaria vantagens competitivas e que teria respaldo na liberdade de prestação de serviços. Por sua vez, os trabalhadores e os sindicatos do Estado de acolhimento têm interesse na aplicação das normas do seu próprio Estado como modo de proteger o seu sistema de relações de trabalho. Já os interesses dos empregadores do Estado de acolhimento e os interesses dos próprios trabalhadores destacados são mais ambíguos: quanto aos primeiros, ao mesmo tempo em que perdem com a distorção da concorrência, podem se beneficiar dos serviços prestados pelos trabalhadores destacados, ainda que também lhes interesse um clima social pacificado e menos tenso; quanto aos segundos, eles estão certamente interessados em se beneficiar das melhores condições de trabalho do Estado de acolhimento, mas tal só sucede se os seus próprios empregadores continuarem a ter vantagens competitivas que lhes permitam ganhar concursos e continuar a celebrar contratos com empresas de outros Estados-membros. Ainda há o interesse do Estado de acolhimento, representado pelas empresas e trabalhadores deste país, que é no sentido de proteger o seu próprio mercado de trabalho e empresarial contra a entrada de salários mais baixos e a distorção de concorrência, o que também obedece a um interesse geral compatível com o direito comunitário (Cf. GOMES, Julio. *Direito do trabalho...*, cit, p. 66-67).

10. A Diretiva n. 96/71: a disciplina comunitária do destacamento de trabalhadores

Com a finalidade de disciplinar o destacamento de trabalhadores no âmbito de uma prestação transnacional de serviços, o Conselho da União Europeia e o Parlamento Europeu editaram a Diretiva n. 96/71, de 16 de dezembro de 1996. Para garantir condições justas de concorrência e assegurar um padrão adequado de proteção aos trabalhadores em regime de destacamento, a norma define um conjunto de condições de trabalho que o prestador de serviços deve respeitar durante o período de destacamento no Estado de acolhimento.(164)

Argumenta-se que a Diretiva n. 96/71 não é uma genuína norma comunitária social. Primeiro, porque seu fundamento formal não reside em disposições de política social, mas em preceitos do Tratado de Roma que autorizavam a adoção de diretivas por maioria qualificada para facilitar as atividades de trabalhadores autônomos e assegurar a liberdade de prestação de serviços. Segundo, porque seu escopo primordial não é a proteção dos trabalhadores destacados, tanto que ela não consagra um princípio geral de igualdade de tratamento com os trabalhadores do Estado de acolhimento.(165)

Apesar do aparente caráter social, a Diretiva n. 96/71 apresenta substanciais diferenças em relação às autênticas diretivas sociais, seja em função de seu *objeto*, que é a solução de um conflito de leis, seja por sua *finalidade* predominantemente econômica, destinada a evitar distorções na concorrência.(166)

---

(164) De acordo com o art. 20º da Convenção de Roma — que corresponde ao atual art. 23º do Regulamento (CE) n. 593/2008 —, as disposições da Diretiva n. 96/71, assim como as das legislações nacionais harmonizadas com a finalidade de lhe dar execução, prevalecem sobre suas disposições. Por isso, o contrato de trabalho de um trabalhador destacado para outro Estado-membro pode ser regido cumulativamente por três leis distintas: *i)* a lei escolhida pelas partes, quanto à generalidade das matérias por ele reguladas; *ii)* a lei que seria aplicável na falta de escolha, quanto aos aspectos em que confira ao trabalhador, por meio de disposições imperativas, uma proteção mais elevada do que a que resulta da lei escolhida ou da lei do Estado-membro onde o trabalhador se encontre temporariamente destacado; e *iii)* a lei do Estado de acolhimento, em relação às matérias enumeradas no "núcleo duro" da Diretiva. A Convenção de Roma ainda submete outros aspectos relacionados com o contrato de trabalho — como os vícios de consentimento, a forma exigível e a capacidade dos sujeitos para celebrá-lo — a leis diferentes das que foram mencionadas, o que significa que em determinadas situações a regulação do destacamento pode assumir uma configuração jurídica particularmente complexa (Cf. VICENTE, Dário Moura. Destacamento internacional de trabalhadores, cit., p. 801).

(165) Cf. GOMES, Julio. *Direito do Trabalho*, cit., p. 65-66.

(166) Cf. RODRIGUEZ-PIÑERO, Miguel. *El desplaziamento temporal de trabajadores y La Directiva 96/71/CE*, RL, 1999, II, p. 78, *apud* GOMES, Julio. *Direito do Trabalho*, cit., nota 171, p. 66.

Como explica Marie-Ange Moreau, "a Diretiva é mais, no seu espírito e no seu fundamento, uma diretiva econômica do que uma diretiva social, mesmo que um dos seus objetivos seja o de proteger os trabalhadores destacados, fazendo-os beneficiar, quando da mobilidade por conta do seu empregador, das disposições essenciais do Direito do Trabalho do país onde a prestação de serviços é executada, quando as condições lhes são favoráveis".(167)

Tanto a finalidade da Diretiva é assegurar a liberdade empresarial de prestação de serviços, sem obstáculos ou distorções na concorrência, que um Estado-membro, mesmo invocando o princípio da maior proteção, não pode afastar a regra da Diretiva que impõe a sua exclusão nas deslocações inferiores a oito dias de duração, salvo trabalhos de construção civil, para ampliar o nível de proteção social do trabalhador destacado (art. 3º, n. 2).(168)

Qualquer que seja a finalidade da Diretiva n. 96/71, ela deve ser louvada como ato normativo que contrariou o espírito de flexibilização predominante em seu tempo.(169) Mesmo que a proteção do trabalhador não seja um fim em si, mas meio para evitar distorções na concorrência, a harmonização por ela visada impede que o destacamento exerça pressão para reduzir salários no Estado de acolhimento, o que diminui o risco do *dumping* social e todo o cortejo de efeitos negativos que disso decorre para a liberdade de prestação de serviços e para a proteção social.(170)

10.1. Âmbito subjetivo e objetivo de aplicação da Diretiva n. 96/71

No aspecto subjetivo, a Diretiva aplica-se às empresas estabelecidas num Estado--membro que, no âmbito de uma prestação transnacional de serviços, destaquem trabalhadores para o território de outro Estado-membro (art. 1º, n. 1).(171) A norma obriga mesmo quando o prestador de serviços não esteja estabelecido na União (art. 1º,

(167) Cf. MOREAU, Marie-Ange. Le détachement des travailleurs effectuant une prestation de services dans l'Union européene. *Journal de Droit International*, 1996, n. 4, p. 890, *apud* GOMES, Julio. *Direito do Trabalho*, cit., nota 171, p. 65.

(168) Cf. BAAMONDE, Maria Emilia Casas. Los desplaziamentos temporales de trabajadores em La Union Europea y em El Espacio Económico Europeo. *In: Cuadernos Civitas*, Madrid, p. 57, 2001, *apud* GOMES, Julio. *Direito do Trabalho*, cit., nota 171, p. 65-66.

(169) Cf. DÄUBLER, Wolfgang. Die Entsende-Richtlinie und ihre Umsetzung in das Deutsche Recht, EuZW, 1997, p. 613, *apud* GOMES, Julio. *Direito do Trabalho*, cit., nota 172, p. 66.

(170) Cf. ESCÁMEZ, Ana Quiñonez. *Outra lectura de la jurisprudencia del TJCE sobre desplazamiento de trabajadores* (del assunto Arblade al Portugaia), cit., p. 442. Como esclarece Ivan Ingravallo, a Diretiva não tem o objetivo de harmonizar as condições de trabalho, mas unicamente o de garantir uma tutela mínima (um "núcleo duro de direitos") aos trabalhadores do Estado de origem, com o que protege o mercado de trabalho nacional do fenômeno de *dumping* social (Cf. La Corte di giustizia tra diritto di sciopero e libertà economiche fondamentali. Quale bilanciamento?. *In: Il conflito sbilanciato,* cit., p. 43-44).

(171) Estão excluídas do campo de aplicação da norma comunitária as empresas da marinha mercante, no que se refere ao pessoal navegante (art. 1º, n. 2).

n. 4), o que impede que empresas estrangeiras tenham tratamento mais favorável do que as empresas europeias.[(172)]

Por outro lado, a Diretiva aplica-se aos "trabalhadores subordinados" que "por um período limitado trabalhem no território de um Estado-membro diferente do Estado onde habitualmente exercem a sua atividade" (art. 2º, n. 1). A norma não fixa o conceito de "trabalhador subordinado", remetendo a qualificação para a lei do Estado-membro em cujo território ele se encontrar destacado (art. 2º, n. 2). O critério é falho porque permite aos Estados-membros delimitar o âmbito subjetivo de aplicação da norma. Para além de colocar em risco o propósito de harmonização das legislações nacionais, pode levar a resultados curiosos se o trabalhador for considerado subordinado no Estado de acolhimento e receber qualificação diferente no Estado de origem.[(173)]

No aspecto objetivo, a prestação de serviços pelo empregador pode ocorrer em três situações: *i)* quando é celebrado um contrato de prestação de serviços entre duas empresas — a do Estado de origem e a do Estado de acolhimento; *ii)* quando o trabalhador é destacado para um estabelecimento ou uma empresa do grupo a que pertence o empregador em outro Estado-membro, ou *iii)* na hipótese de trabalho temporário entre uma empresa de trabalho temporário e um utilizador de outro Estado-membro (art. 1º, n. 3).

A duração e a natureza dos trabalhos a que o empregador se obrigou são relevantes na aplicação da Diretiva. Ao destacamento de trabalhadores no âmbito de um fornecimento de bens, com vista à execução de trabalhos de montagem ou instalação desses bens, cuja duração não exceda oito dias, não se aplicam as regras da Diretiva que se ocupam do salário mínimo e duração mínima de férias (art. 3º, n. 2).

Os Estados-membros têm a *faculdade* de dispensar a aplicação do salário mínimo se a duração do destacamento não exceder um mês (art. 3º, n. 3 e 4). Também quando os serviços a efetuar forem "de reduzido volume", conceito indeterminado e cuja definição é enviada para o direito interno, o país de acolhimento pode dispensar a aplicação do salário mínimo e das férias (art. 3º, n. 5).

Daí existirem situações em que, apesar da prestação temporária de serviços no território de outro Estado-membro, não se caracteriza o regime de destacamento. É, por exemplo, a hipótese do empregado de agência de turismo enviado a uma estância turística para receber os clientes da agência; o motorista encarregado de entregar bens ao cliente domiciliado em outro Estado-membro; o jornalista que faz a cobertura de um evento esportivo em território de outro Estado-membro.[(174)]

---

(172) Cf. MARETTI, Simona. *Il recepimento della direttiva CEE sul distacco dei lavoratori.* MGL, 2000, p. 1.148, *apud* GOMES, Julio. *Direito do Trabalho*, cit., nota 182, p. 68.

(173) Cf. VICENTE, Dário Moura. *Destacamento internacional de trabalhadores*, cit., p. 794.

(174) Enquanto a Convenção de Roma prevê no seu art. 7º, n. 1, a *faculdade* dos tribunais de um Estado aplicar, em certos casos, as normas imperativas de outro Estado com o qual o contrato tinha vinculação, a Diretiva impõe aos tribunais do Estado de origem a *obrigação* de aplicarem a lei do Estado de acolhimento,

A exclusão dessas situações do âmbito de aplicação da Diretiva explica-se justamente em função da "existência de uma hierarquia de objetivos da diretiva, que faz primar o objetivo econômico da regulamentação da concorrência das empresas sobre a proteção do trabalhador destacado".[175]

10.2. O regime jurídico instituído pela Diretiva n. 96/71

As matérias em que se aplica o direito do Estado de acolhimento — quando mais favoráveis do que a lei do Estado de origem (art. 3º, n. 7) — foram selecionadas em atenção à natureza temporária do destacamento de trabalhadores e com base em dois critérios: *i)* a importância no contexto das relações de trabalho e *ii)* a aplicação geral e obrigatória no lugar da prestação dos serviços.[176]

Essas matérias correspondem aos seguintes direitos, contidos em leis ou normas administrativas do Estado de acolhimento, bem como em convenções coletivas ou decisões arbitrais declaradas de *aplicação geral*: *a)* períodos máximos de trabalho e períodos mínimos de descanso; *b)* duração mínima das férias anuais remuneradas; *c)* salário mínimo, incluindo as bonificações relativas às horas extraordinárias, sem repercussão nos regimes complementares voluntários de reforma; *d)* condições de cedência de trabalhadores temporários; *e)* segurança, saúde e higiene no trabalho; *f)* medidas de proteção aplicáveis às condições de trabalho e emprego das mulheres grávidas e das puérperas, das crianças e dos jovens; *g)* igualdade de tratamento entre homens e mulheres, bem como outras disposições em matéria de não discriminação (art. 3º, n. 1).

Na ausência de um sistema de declaração de aplicação geral dos contratos coletivos, os Estados-membros podem se valer ou de contratos coletivos que são geralmente aplicáveis a empresas do mesmo setor e à categoria profissional interessada ou, então, de contratos coletivos celebrados pelas organizações sindicais mais representativas e que se apliquem em todo o território do Estado-membro, com o que se assegura a paridade de tratamento entre empresas que se encontrem em posição análoga (art. 3º, n. 8).[177]

---

ao menos no que se refere ao "núcleo duro" de matérias em que a relação de trabalho está sujeita no regime de destacamento, o que se justifica perante o fim de harmonização das legislações nacionais (Cf. GOMES, Julio. *Direito do Trabalho*, cit., p. 72).

(175) Cf. PÉREZ, Pilar Juárez. El desplaziamento de trabajadores efectuado em El marco de uma prestación de servicios: La incidencia de la Directiva 96/71/CE em los convenios comunitarios de Derecho internacional privado. In: *Relaciones laborales*, 1999, I, p. 1.260, *apud* GOMES, Julio. *Direito do Trabalho*, cit., nota 184, p. 69.

(176) Cf. PÉREZ, Pilar Juárez. El desplaziamento de trabajadores efectuado em El marco de uma prestación de servicios: La incidencia de la Directiva 96/71/CE em los convenios comunitarios de Derecho internacional privado, cit., p. 1.273, *apud* GOMES, Julio. *Direito do Trabalho*, cit., nota 185, p. 69.

(177) "O texto final da Directiva, ao contrário da proposta inicial que apenas contemplava as convenções colectivas com eficácia *erga omnes* (nos ordenamentos em que a convenção colectiva pode ter essa eficácia), permite que a obrigatoriedade da convenção seja substituída pela sua aplicabilidade de facto, ou até pelo critério de representatividade. Efectivamente, a Directiva estabelece que devem ser

A Diretiva sujeita certos assuntos do contrato de trabalho às regras vigentes no Estado de acolhimento, embora não impeça que se aplique a lei escolhida pelas partes ou a lei do Estado de origem aos demais aspectos da relação de trabalho. Estão ressalvadas as condições mais favoráveis aos trabalhadores no Estado de origem ou em qualquer outro cuja lei seja aplicável ao contrato por força das regras de conflito, o que significa que, tal como na Convenção de Roma, o regime da Diretiva é dominado pelo princípio do tratamento mais favorável.(178)

Em linhas gerais, a Diretiva assegura um *standard* de proteção ao trabalhador destacado, o chamado "núcleo duro", um conjunto de regras imperativas de proteção do Estado de acolhimento, que pode ser derrogado por normas mais favoráveis ao trabalhador no Estado de origem. Em torno desse "núcleo duro" de regras claramente definidas, cujo eixo é o n. 1 do art. 3º da norma comunitária, as legislações dos Estados membros devem se coordenar de forma a conjugar a concorrência leal com o respeito aos direitos dos trabalhadores.(179)

O elenco do n. 1 do art. 3º da Diretiva não é exaustivo. Além das matérias expressamente enumeradas em torno do "núcleo duro", o Estado de acolhimento também pode aplicar disposições legais e administrativas respeitantes a outros assuntos, desde que se trate de normas de "ordem pública".(180)

Essa abertura não significa que o Estado de acolhimento possa sujeitar a atividade exercida pelos trabalhadores destacados a qualquer disposição imperativa de seu direito interno. Para além de contrariar o objetivo de harmonização de legislações, essa autonomia implicaria uma restrição ao princípio da liberdade de prestação de

---

observadas as convenções colectivas e as decisões arbitrais que vinculem todas as empresas numa determinada área geográfica e num determinado sector de actividade, mas na ausência de convenções colectivas com eficácia *erga omnes*, os Estados-membros poderão aplicar as convenções geralmente aplicáveis às empresas similares naquela área, ou as convenções celebradas a nível nacional pelas associações patronais e sindicais mais representativas. Existe assim um claro risco de desigualdade de tratamento entre as empresas nacionais e as estrangeiras quando o Estado de acolhimento impõe, por exemplo, à empresa prestadora de serviços uma convenção celebrada a nível nacional pelas entidades mais representativas, mas que na área geográfica em que aquela empresa vai actuar não é aplicável à maioria das empresas concorrentes. Por outro lado, não vê como é que 'facilita' a prestação de serviços transnacional e necessidade de o empregador estrangeiro que destaca os seus trabalhadores ter conhecimento das várias convenções colectivas que potencialmente lhe são aplicáveis. Crítica de certo modo inversa daquela que fazemos é a de Antonio Ojeda-Avilés. *European Collective Bargaining and Posted Workers, Comments on Directive 96/71/EC*, 'The International Journal of Comparative Labour Law and Industrial Relations', 1997, p. 127-128, para quem se o Estado de acolhimento não lançar mão da possibilidade de impor o regime constante das convenções colectivas, que têm efeito geral nas empresas similares do sector ou foram acordadas pelas organizações mais representativas, não se evitará o *dumping* social" (Cf. GOMES, Júlio. *Direito do Trabalho*, cit., nota n. 166, p. 62-63).

(178) Cf. VICENTE, Dário Moura. *Destacamento internacional de trabalhadores*, cit., p. 796.

(179) Cf. ESCÁMEZ, Ana Quiñonez. *Outra lectura de la jurisprudencia del TJCE sobre desplazamiento de trabajadores* (del assunto Arblade al Portugaia), cit., p. 452.

(180) O Tribunal de Justiça enfrentou a questão do significado da norma do art. 3º da Diretiva em face do princípio do *favor laboris* nos pontos 80-84 do acórdão *Laval* e nos pontos 33-34 do acórdão *Rüffert*. V. *infra*, n. 14.

serviços, que é justamente o que a norma comunitária pretende impedir, equilibrando-a com a proteção do trabalhador.(181)

O controvertido Projeto de Diretiva sobre os Serviços e o Mercado Interno apresentado pela Comissão Europeia em 2004 — conhecido como *Diretiva Bolkenstein*, antigo comissário europeu responsável pelo mercado interno durante a presidência de Romano Prodi — propunha o chamado "princípio do país de origem — (PPO)", critério que permitiria ao prestador de serviços sujeitar-se apenas à lei do país em que estava estabelecido. Argumentava-se que a efetividade da liberdade de prestação de serviços dependia da libertação de toda sorte de obstáculos, como a obrigação de respeitar os padrões de proteção mais elevados de outros países e aqueles representados por empresas de países com trabalho "*low cost*".(182)

Em face da repercussão negativa da proposta na opinião pública — é considerada uma das razões para a rejeição do projeto de Constituição Europeia no referendo realizado na França no ano de 2005, acusada de legitimar o *dumping* social —,(183) o Parlamento Europeu substituiu o "princípio do país de origem" pelo critério da "liberdade de prestação de serviços".

Mais do que uma alteração de nome, a substituição representou uma mudança de filosofia. Na proposta aprovada pelo Parlamento — Diretiva n. 2006/123/CE, de 12 de dezembro de 2006 —, foram excluídas as disposições relativas ao destacamento, justamente para que prevaleçam as regras da Diretiva n. 96/71.(184) Assim,

(181) No caso *Comissão Europeia contra Luxemburgo* — Processo C-319/06, com acórdão de 19 de junho de 2008, debateu-se em ação de incumprimento a validade de uma lei do Grão-ducado que, no regime de destacamento de trabalhadores, qualificava como "normas imperativas de ordem pública nacional" todas as normas legais, administrativas e de contratos coletivos. O Tribunal entendeu que a previsão do art. 3º, n. 10, da Diretiva, que permite ao Estado de acolhimento impor às empresas que destacam trabalhadores ao seu território condições de trabalho não referidas na norma comunitária quando se trate de disposições de "ordem pública", implica uma exceção ao princípio do art. 3º, n. 1, que deve ser interpretada de maneira restritiva para o fim de guardar conformidade ao princípio da livre prestação de serviços.

(182) Cf. ROCCELLA, Massimo. L'unione europea fra neoliberismo e *dumping* sociale. *In:* <http://www.insightweb.it>. Acesso em: 29 abr. 2012.

(183) Cf. CASSEN, Bernard. Contra-ataque neoliberal. *In: Le Monde Diplomatique*. Edição brasileira, nov. 2005.

(184) Cf. RAMALHO, Maria do Rosario Palma. A Dir. 2006/123/CE no Mercado Interno (Directiva *Bolkenstein*) e a Harmonização Comunitária no Domínio da Segurança Social e do Direito do Trabalho. Algumas notas. *In: Estudos em homenagem ao professor doutor Paulo de Pitta Cunha*. I, cit., p. 648. Como explicam Massimo Roccella e Tiziano Treu, "La direttiva n. 2006/123, frutto del serrato confronto svoltosi in seno al Parlamento europeo, è stata costruita in termini tali da evitare sovrapposizioni con le regole comunitarie preesistenti in tema di circolazione dei lavoratori nell´ambito di una prestazione di servizi. Ciò si desume chiaramente dalla disposizione di principio contenuta nel suo art. 3.1.*a)*, dalla quale risulta chiarito che 'se disposizioni della presente direttiva confliggono con disposizioni di altri atti comunitari che disciplinano aspetti specifici dell'accesso ad un'attività di servizi o del suo esercizio in settori specifici o per professione specifiche, *le disposizioni di questi altri atti comunitari prevalgono* e si applicano a tali settori o professioni specifiche', com la precisazione,

a relação entre as duas normas configura-se na forma de *lex generalis*, no caso a Diretiva n. 2006/123, e *lex specialis*, a Diretiva n. 96/71,[185] o que significa que esta última é a fonte formal para a disciplina do contrato de trabalho em regime de destacamento.[186]

10.3. A competência judiciária para a solução de litígios em matéria de destacamento de trabalhadores

A Diretiva n. 96/71 contém no seu art. 6º uma disposição relativa à competência judiciária: "*A fim de fazer valer o direito às condições de trabalho e emprego garantidas pelo art. 3º, pode ser instaurada uma ação num tribunal do Estado-membro em cujo território o trabalhador esteja ou tenha estado destacado, sem prejuízo, se necessário, da faculdade de, nos termos das convenções internacionais existentes em matéria de competência judicial, instaurar uma ação num tribunal de outro Estado*".

As "convenções internacionais" a que a norma faz referência são aquelas relativas à competência judiciária e à execução de decisões em matéria civil e comercial, celebradas em Bruxelas em 1968 e em Lugano em 1988. Algum tempo após a publicação da Diretiva, o Conselho da União Europeia adotou o Regulamento n. 44/2001, de 22 de dezembro de 2000, que substituiu a Convenção de Bruxelas nas relações entre os Estados-membros. Depois, na sequência da Decisão do Conselho da União Europeia, de 27 de novembro de 2008, a Convenção de Lugano foi alterada para se alinhar ao Regulamento n. 44/2001, pelo que, a partir de 1º de janeiro de 2010, passou a viger em substituição à antiga convenção.[187]

Da combinação dessas normas resulta que são competentes para o julgamento das ações que decorrem do destacamento de trabalhadores: *i)* os tribunais do Estado de acolhimento (art. 6º da Diretiva n. 96/71); *ii)* os tribunais do Estado membro do domicílio do empregador (art. 19, n. 1, do Regulamento n. 44/2001); *iii)* o tribunal do lugar onde o trabalhador efetua habitualmente o seu trabalho ou onde efetuou mais recentemente o seu trabalho (art. 19, n. 2, alínea "a", do Regulamento n. 44/2001); *iv)* o tribunal do lugar onde se situa ou situava o estabelecimento que contratou o trabalhador, caso ele não efetue ou não haja efetuado habitualmente o seu trabalho no mesmo país (art. 19, n. 2, alínea "b", do Regulamento n. 44/2001); *v)* o tribunal escolhido pelas partes, desde que a escolha seja posterior ao surgimento

---

per quanto qui interessa, che 'tra tali atti comunitari rientra: *a)* la direttiva 96/71 CE" (Cf. *Diritto del lavoro dell'Unione europea*, cit., p. 172).

(185) Cf. ROCCELLA, Massimo; TREU, Tiziano. *Diritto del lavoro dell'Unione europea*, cit., p. 173.

(186) Cf. CARABELLI, Umberto. *Europa dei mercati e conflito sociale*, cit., p. 109.

(187) Entre os fatores de competência consagrados no Regulamento (CE) n. 44/2001 está o "lugar onde o trabalhador efetuou mais recentemente o seu trabalho", critério que não se achava previsto nas convenções de Bruxelas e de Lugano e que, mais uma vez, explicita o "favor laboratoris" que inspira o Direito do Trabalho contemporâneo (Cf. VICENTE, Dário de Moura. *Destacamento internacional de trabalhadores*, cit., p. 802-803).

do litígio ou permita ao trabalhador recorrer a tribunais que não aqueles indicados nos arts. 18 a 20 do Regulamento (art. 21 do Regulamento n. 44/2001); e *vi)* o tribunal do lugar da situação da sucursal, agência ou outro estabelecimento, quando o litígio seja relativo à exploração deste (art. 5º, n. 5, e 18, n. 1, do Regulamento n. 44/2001).

Em relação às ações propostas pelo empregador, são competentes os tribunais do país em cujo território o trabalhador tiver o seu domicílio (art. 20, n. 1, do Regulamento n. 44/2001), bem como o tribunal convencionado pelas partes, desde que o ajuste seja posterior ao surgimento do litígio (art. 21 do Regulamento n. 44/2001).

11. A evolução da jurisprudência do Tribunal de Justiça em matéria de destacamento: do caso *Webb e Seco* ao caso *Portugaia*

A figura do destacamento de trabalhadores levou o Tribunal de Justiça a enfrentar em diversas ocasiões, mediante provocação pelo instrumento do "reenvio prejudicial",[188] a questão da legitimidade das exigências impostas pelos sistemas nacionais de direito do trabalho no confronto com a liberdade de prestação de serviços dos operadores econômicos.[189]

No primeiro pronunciamento sobre o assunto, no caso *Webb e Seco* — Processo C-279/80, com acórdão de 17 de dezembro de 1981 —, o Tribunal concluiu que o Estado de acolhimento poderia impor a aplicação de algumas normas de proteção ao trabalho a empresas de outros Estados-membros que prestassem serviços em seu território sempre que a medida se justificasse por motivos de interesses gerais e atendesse a critérios de razoabilidade.[190]

No caso *Rush Portuguesa* — Processo C-113/89, com acórdão de 27 de março de 1990 —, os juízes de Luxemburgo afirmaram que o direito comunitário não impede que o Estado de acolhimento estenda a aplicação de suas leis ou contratos coletivos a quem desenvolva um trabalho subordinado em seu território, mesmo que em caráter temporário, independentemente do país em que o empregador se encontra estabelecido.[191]

Na hipótese, a autoridade francesa exigiu da empresa de Portugal, contratada para a execução de uma obra ferroviária, o pagamento de uma contribuição especial decorrente da violação de uma regra do Código do Trabalho da França, pela qual apenas o organismo nacional de imigração poderia recrutar trabalhadores estrangeiros.

No processo em que a empresa portuguesa postulou a anulação da decisão do órgão de imigração, o Tribunal Administrativo de Versalhes suspendeu a instância para a definição da questão prejudicial da compatibilidade da exigência da autoridade administrativa com o princípio da liberdade de prestação de serviços.

(188) Sobre a figura do *reenvio prejudicial*, ver o capítulo 7.

(189) Sobre a jurisprudência do Tribunal de Justiça da União Europeia em litígios em matéria de destacamento de trabalhadores surgidos antes da vigência da Diretiva n. 96/71, v. GOMES, Julio. *Direito do Trabalho*, cit., p. 72-78.

(190) Cf. CARABELLI, Umberto. *Europa dei mercati e conflito sociale*, cit., p. 115.

(191) Pontos n. 15 e 18.

No reenvio prejudicial, o Tribunal de Justiça entendeu que a imposição de condições restritivas, como a exigência de contratar trabalhadores no Estado de acolhimento, acompanhada da obrigação de autorização de trabalho, resultava em discriminação do prestador de serviços de outro Estado-membro perante concorrentes estabelecidos no Estado de acolhimento.(192)

O argumento de que estava em risco o mercado de trabalho da França foi rejeitado porque se considerou que havia apenas um movimento temporário de trabalhadores para a execução de uma obra determinada, em que os operários retornariam ao país de origem tão logo terminassem o serviço para o qual o empregador foi contratado, circunstância que afastava o risco invocado.(193)

Apesar disso, o Tribunal ressalvou que o direito comunitário não impede que os Estados-membros imponham o respeito de sua legislação de emprego ou de convenções coletivas pelos meios apropriados a qualquer pessoa que efetue um trabalho subordinado em seu território, mesmo que temporário.

No caso *Vander Helst* — Processo C-43/1993, com acórdão de 9 de agosto de 1994 —, o Tribunal manteve o mesmo entendimento, enquadrando-o, porém, na moldura das liberdades econômicas, em uma postura mais restritiva sobre as limitações que o direito do trabalho dos Estados-membros pode impor à liberdade de prestação de serviços.(194)

O empregador de origem belga celebrou contrato para executar um serviço de demolição e recuperação de materiais, para o qual admitiu um grupo de oito trabalhadores que atuou na França por cerca de um mês, sendo que quatro eram belgas e os outros quatro eram marroquinos.

Embora a empresa tenha obtido um visto de trabalho de curta duração para os nacionais do Marrocos, as autoridades francesas consideraram que seria necessária também uma autorização especial, pelo que lhe impuseram o pagamento de uma contribuição pela violação ao Código do Trabalho.

---

(192) Ponto n. 12.

(193) Ponto n. 18.

(194) Cf. CARABELLI, Umberto. *Europa dei mercati e conflito sociale*, cit., p. 116. "14. O art. 59 do Tratado exige não apenas a eliminação de qualquer discriminação contra o prestador de serviços estabelecido num outro Estado-membro em razão da sua nacionalidade, mas também a supressão de qualquer restrição, ainda que indistintamente aplicada a prestadores nacionais e de outros Estados-membros, quando seja susceptível de impedir ou entravar de alguma forma as actividades do prestador estabelecido noutro Estado-membro, onde preste legalmente serviços análogos *(v. acórdão de 25 de Julho de 1991, Saeger, C-76/90, Colect., p. I-4221, n. 12)* [...] 16. Finalmente, importa recordar que a livre prestação de serviços, enquanto princípio fundamental do Tratado, só pode ser limitada por regulamentações justificadas por razões imperiosas de interesse geral que se apliquem a qualquer pessoa ou empresa que exerça uma actividade no território do Estado-membro destinatário, na medida em que esse interesse não esteja salvaguardado pelas regras a que o prestador está sujeito no Estado-membro em que está estabelecido *(v., nomeadamente, acórdãos de 26 de Fevereiro de 1991, Comissão/Itália, C-180/89, Colect., p. I-709, n. 17 e Comissão/Grécia, C-198/89, Colect., p. I-727, n. 18)."*

No juízo de reenvio, o Tribunal de Justiça ponderou que estava em jogo uma prestação temporária de serviços, uma vez que os trabalhadores destacados retornariam ao Estado de origem da empresa assim que concluíssem a tarefa para a qual foram recrutados, de modo que não se configurava ameaça ao mercado de trabalho do Estado de acolhimento.

Com esse raciocínio, concluiu que as liberdades econômicas opõem-se a que empresas estabelecidas num outro Estado-membro e que empregam regular e habitualmente nacionais de países terceiros sejam obrigadas a obter uma autorização de trabalho junto a um organismo nacional de imigração em caso de destacamento.(195)

No caso *Climatec* — Processo C-272/94, com acórdão de 28 de março de 1996 —, o juiz nacional provocou o Tribunal de Justiça a se pronunciar sobre a validade da exigência de pagamento de cotizações ao regime de segurança social do Estado de acolhimento pelos serviços prestados em regime de destacamento, os chamados "selos fidelidade" e "selos intempéries".

O Tribunal entendeu que a exigência prejudicava a liberdade de prestação de serviços porque, ao contrário da generalidade das empresas sediadas no país de acolhimento, o empregador tinha de pagar cotizações no seu Estado de origem e no de acolhimento, o que afetava o equilíbrio da concorrência perante as empresas do país de acolhimento.

Acrescentou que a restrição poderia ser justificada pelo interesse geral ligado à proteção social dos trabalhadores, para o que, entretanto, seria necessário que eles não se beneficiassem da mesma proteção ou de proteção essencialmente comparável no Estado de origem do empregador.

Nos casos *Arblade*, *Mazzoleni*, *Finalarte* e *Portugaia*, o Tribunal de Justiça definiu um conjunto de princípios que configurou o quadro de referência para a ponderação sobre a legitimidade dos limites impostos pelos direitos do trabalho nacionais à liberdade de prestação de serviços dos operadores econômicos.(196)

No caso *Arblade* — Processo C-369/96 e C-376/96, com acórdão de 23 de novembro de 1999 —, o juiz da Bélgica provocou a atuação do Tribunal de Justiça em processo no qual empresa francesa era acusada de cometer infração penal por

(195) Ponto n. 14.

(196) "[...] la Corte ha precisato l'insieme di principi e limiti che, nella loro sistematicità, hanno costituito, nel periodo successivo, Il quadro di riferimento per i giudizi nei quali si controverte della legitimità delle limitazioni poste alla libertà di prestazione dei servizi da parte di normative interne di tutela del lavoro volte a protegere interessi sociali — unitariamente definiti, in quanto tali, come autonomi *'motivi imperativi d'interesse generale'* (ovvero come *'ragioni imperative d'interesse generale'*) — in grado di legittimare i predetti interventi limitativi. In particolare, in tali decisione, la Corte ha chiarito gli specifici contenuti del *test di proporzionalità* cui devono soggiacere le predette normative" (Cf. CARABELLI, Umberto. *Europa dei mercati e conflito sociale*, cit., p. 116-117).

não respeitar o salário mínimo fixado em convenção coletiva de trabalho e por não recolher as cotizações patronais a título de "selos fidelidade" e "selos intempérie".

O Tribunal de Justiça considerou que o Tratado de Roma não se opunha a que o Estado de acolhimento exigisse de empresa estabelecida noutro Estado-membro o pagamento do salário mínimo fixado por convenção coletiva, desde que as normas em causa fossem suficientemente precisas e acessíveis para não tornar impossível ou excessivamente difícil a definição das obrigações.

Mas o Tratado se opunha a que o Estado de acolhimento, mesmo invocando leis de polícia e de segurança, impusesse o pagamento de cotizações patronais a título de "selos intempéries" e de "selos fidelidade", visto que a empresa francesa já estava sujeita a obrigações equivalentes para a proteção dos trabalhadores destacados no Estado de origem.

Na medida em que os interesses que as normas da Bélgica visavam proteger já estavam salvaguardados por regras essencialmente comparáveis com igual finalidade no Estado de origem do empregador, o princípio da liberdade de prestação de serviços estava a ser restringido de forma desproporcionada.

No caso *Mazzoleni* — Processo C-165/98, com acórdão de 15 de março de 2001 —, o Tribunal de Justiça pronunciou-se em relação ao regime dos chamados *trabalhadores transfronteiriços*. Cuidou-se de um trabalhador francês contratado por uma empresa estabelecida na França e destacado na região de fronteira com a Bélgica para exercer atividades de jardinagem a tempo parcial.

O juiz nacional provocou a intervenção do Tribunal de Justiça para definir se era ou não devido o salário mínimo previsto na convenção coletiva da Bélgica para os serviços de jardinagem, que era superior em cerca de 50% ao salário mínimo da França.

O Tribunal entendeu que o Tratado de Roma não se opunha a que um Estado-membro obrigasse uma empresa estabelecida noutro Estado-membro, que efetua uma prestação de serviços no território do primeiro, a pagar aos seus trabalhadores a remuneração mínima estabelecida pelas normas nacionais desse Estado.

Mas a aplicação dessas regras pode revelar-se desproporcionada quando se trate de trabalhadores de empresa estabelecida numa região fronteiriça e que sejam levados a prestar, em tempo parcial e durante breves períodos, uma parte do respectivo trabalho no território de um ou até vários Estados-membros que não o de estabelecimento da empresa.

Em face dessa peculiaridade, firmou o entendimento de que incumbiria às autoridades competentes do Estado de acolhimento determinar se e em que medida a aplicação do salário mínimo nacional seria necessária e proporcionada para garantir a efetiva proteção social dos trabalhadores destacados.(197)

No caso *Finalarte* — Processos C-49/98, C-50/98, C-52/98 a C-54/98 e C-68/98 a C-71/98, com acórdão de 25 de outubro de 2001 —, a intervenção do Tribunal de Justiça foi suscitada no âmbito de nove processos, todos relativos ao regime das caixas criadas na Alemanha para assegurar o financiamento do direito às férias dos trabalhadores do setor da construção civil.

É comum no setor da construção civil que os trabalhadores mudem de emprego com frequência, pelo que a lei e a convenção coletiva que disciplinavam o regime de férias na Alemanha previam que as diferentes relações de trabalho mantidas pelo operário ao longo do ano deveriam ser consideradas como se fossem uma única relação de trabalho.

Com esta ficção, permitia-se ao trabalhador completar o período aquisitivo do direito às férias que somou de maneira parcial junto das diferentes empresas para as quais trabalhou durante o ano e, assim, invocar a totalidade do benefício perante o empregador do momento, independentemente da duração desta última relação de trabalho.

Para esse efeito, criou-se um sistema de caixa destinado a compensar o encargo financeiro suportado pelo empregador que assumia o pagamento integral das férias adquiridas parcialmente junto de outras empresas, bem como para garantir a repartição equitativa desse encargo com as demais empresas do setor de construção civil.

A partir de 1º de janeiro de 1997, esse regime passou a ser aplicado também às relações de trabalho envolvendo empresas estabelecidas fora da Alemanha, abrangendo, portanto, os trabalhadores destacados para a execução de trabalhos de construção civil em território alemão.

Na altura, oito empresas estabelecidas em Portugal e uma no Reino Unido destacaram trabalhadores para a execução de serviços de construção civil na Alemanha. A administração do caixa exigiu que elas contribuíssem para o regime de cotizações destinadas ao financiamento das férias dos operários, bem como que prestassem informações ligadas sobre as condições de trabalho.

---

(197) Ponto n. 41: "Os arts. 59º e 60º do Tratado não se opõem a que um Estado-Membro obrigue uma empresa estabelecida noutro Estado-Membro que efetue uma prestação de serviços no território do primeiro Estado-Membro a pagar aos seus trabalhadores a remuneração mínima estabelecida pelas normas nacionais desse Estado. A aplicação de tais regras pode, contudo, revelar-se desproporcionada quando se trate de assalariados de uma empresa estabelecida numa região fronteiriça que sejam conduzidos a efetuar, a tempo parcial e durante breves períodos, uma parte do respectivo trabalho no território de um ou até mesmo vários Estados-Membros que não o de estabelecimento da empresa. Incumbe, em consequência, às autoridades competentes do Estado-Membro de acolhimento determinar se e em que medida a aplicação de uma regulamentação nacional que imponha um salário mínimo a tal empresa é necessária e proporcionada para garantir a proteção dos trabalhadores em causa".

No reenvio prejudicial, o Tribunal de Justiça concluiu que o Tratado de Roma não se opõe a que um Estado-membro imponha uma norma que garanta aos trabalhadores destacados o direito a férias. Mas é necessário que eles não se beneficiem de proteção equiparável no Estado de origem e que a aplicação da regulamentação do Estado de acolhimento lhes proporcione uma vantagem efetiva e que seja proporcionada ao objetivo de proteger um interesse geral.[198]

Por fim, no caso *Portugaia* — Processo C-164/99, com acórdão de 24 de janeiro de 2002 —, uma empresa de construção civil de Portugal destacou trabalhadores para a execução de uma obra na Alemanha e, contrariando a lei alemã sobre destacamento, não pagou o salário mínimo previsto na convenção coletiva local, pelo que foi obrigada pela autoridade administrativa ao pagamento da diferença.

No juízo de reenvio suscitado pelo juiz da Alemanha, o Tribunal de Justiça entendeu que o Estado de acolhimento pode impor medidas necessárias à garantia de um interesse geral, como é a aplicação do salário mínimo previsto em convenção coletiva, uma vez que essa providência se justifica por razões imperativas de proteção social dos trabalhadores.

Entretanto, contraria a liberdade de prestação de serviços e resulta em desigualdade de tratamento que uma empresa estabelecida em outro Estado-membro não tenha a possibilidade de, mediante negociação coletiva, subtrair-se à obrigação de pagar o salário previsto na convenção coletiva, enquanto que empresa estabelecida no Estado de acolhimento tenha a possibilidade de fazê-lo por meio de um acordo em nível de empresa.[199]

(198) Ponto n. 38.

(199) Pontos n. 34-35.

12. O sentido da jurisprudência do Tribunal de Justiça: o período anterior à vigência da Diretiva n. 96/71

A jurisprudência que se formou até o caso *Portugaia* amparou-se em fatos que ocorreram antes da vigência da Diretiva n. 96/71, o que levou Ana Quiñones Escámez a calcular que a doutrina elaborada pelo Tribunal de Justiça teria um "alcance futuro limitado", que doravante teria de se ajustar à norma comunitária.(200)

Com as liberdades econômicas como pano de fundo, o Tribunal de Justiça defrontou-se, de maneira recorrente, com a questão de definir se os trabalhadores destacados devem se beneficiar do salário mínimo do Estado de acolhimento quando mais favorável do que o do Estado em que o empregador está estabelecido.

O Tribunal também enfrentou questões ligadas à documentação administrativa, às contribuições para a segurança social e ao critério de pagamento de férias, que surgiram como exigências impostas pelo Estado de acolhimento em nome da "ordem pública", conceito indeterminado que abriga interesses de variadas matizes, desde a segurança do trabalhador até a proteção do mercado para empresas nacionais.(201)

O Tribunal consolidou o entendimento de que os trabalhadores destacados deveriam ser retribuídos de acordo com o salário mínimo do Estado onde cumprem provisoriamente os seus serviços, ainda que no caso *Mazzoleni*, em nome do princípio da livre prestação de serviços, tenha subordinado a aplicação do salário mínimo do Estado de acolhimento ao controle de proporcionalidade, pautado por uma "valoração global da situação do trabalhador".

Seguindo a orientação definida pela jurisprudência do Tribunal de Justiça, a Diretiva n. 96/71 estabeleceu um ponto de equilíbrio entre o princípio da liberdade de prestação de serviços e os interesses gerais, em especial o de impedir o *dumping* social, atendendo a uma lógica concorrencial que não se destina exclusivamente à

(200) Cf. *Outra lectura de la jurisprudencia del TJCE sobre desplazamiento de trabajadores* — del assunto Arblade al Portugaia, cit., p. 452.

(201) "A jurisprudência comunitária em matéria de destacamento, tanto a anterior com a posterior à Directiva, mostra, por um lado, a tentação dos Estados-membros de impor, com fins mais ou menos abertamente protecionistas, uma porção crescente das suas normas às empresas estabelecidas noutros Estados-membros, quando não mesmo exigências especiais que nem sempre se justificam como meio necessário e proporcional à prossecução de um escopo legítimo, como seria, segundo o Tribunal, a protecção dos trabalhadores destacados." (Cf. GOMES, Júlio. *Direito do Trabalho*, cit., p. 72-73)

proteção do trabalhador destacado. Por esta perspectiva, a definição de uma proteção mínima ao trabalhador em regime de destacamento é um meio de garantir um parâmetro comum entre as empresas que concorrem em um mesmo mercado.

O Tribunal de Justiça conserva o controle de proporcionalidade invocado no caso *Arblade* sempre que necessário o pronunciamento sobre a compatibilidade do princípio da livre prestação de serviços com as disposições nacionais de "ordem pública" que excedam a lista de normas imperativas do "núcleo duro".(202)

Em contrapartida, ao contrário do que se decidiu no caso *Mazzoleni*, a Diretiva exclui o controle de proporcionalidade quanto à aplicação do salário mínimo do Estado de acolhimento, cujos elementos não podem ser alterados por uma "valoração global da situação do trabalhador", permitindo-se apenas a comparação necessária para identificar o salário mais benéfico ao trabalhador.(203)

Daí que as possibilidades de flexibilização justificam-se dentro dos limites que a própria Diretiva estabelece, incidindo somente sobre as matérias que não estão contidas no "núcleo duro", em relação às quais o controle judicial de proporcionalidade deve ser exercido com o fim de evitar uma limitação injustificada do princípio da livre prestação de serviços.(204)

---

(202) No caso Arblade, nos pontos 30 e 31 do Acórdão, o Tribunal conceituou as normas de "ordem pública" ou "leis de polícia e de segurança" como "as disposições nacionais cuja observância for considerada crucial para a salvaguarda da organização política, social ou económica do Estado-Membro em causa, a ponto de impor o seu respeito a qualquer pessoa que se encontre no território nacional desse Estado-Membro ou a qualquer relação jurídica neste localizada". Acrescentou que essas normas "não se subtraem ao respeito das disposições do Tratado, sob pena de ignorar o primado e a aplicação uniforme do direito comunitário. Os motivos na base de tais legislações nacionais só podem ser tomados em consideração pelo direito comunitário a título de excepções às liberdades comunitárias expressamente previstas no Tratado e, sendo caso disso, a título de razões imperiosas de interesse geral".

(203) Cf. ESCÁMEZ, Ana Quiñones. *Outra lectura de la jurisprudencia del TJCE sobre desplazamiento de trabajadores* — del assunto Arblade al Portugaia, cit., p. 453.

(204) Como resumiu Ana Quiñones Escámez, o Tratado de Roma não configura a livre prestação de serviços como um direito fundamental com caráter absoluto. Ao estabelecer exceções baseadas no interesse geral, o Tratado oferece um marco suficientemente amplo para incluir variadas opções de política legislativa. O legislador comunitário concretizou com a Diretiva n. 96/71 "uma" das possíveis opções legislativas compatíveis com o Tratado. Decerto caberia outra interpretação, mais generosa ou menos restritiva da liberdade de prestação de serviços. Com a vigência da Diretiva, a tarefa de interpretação não pode ignorar a opção do legislador comunitário para fazer valer outra opção, ainda que igualmente compatível com o Tratado e até mais adequada ao momento histórico. Como a decisão de política legislativa não cabe ao Tribunal, mas ao legislador comunitário, a flexibilização que se operou no caso *azzoleni* deveria, doravante, encontrar apoio na Diretiva e não somente nos tratados (Cf. *Outra lectura de la jurisprudencia del TJCE sobre desplazamiento de trabajadores* — del assunto Arblade al Portugaia, cit., p. 449-450).

13. A atual jurisprudência do Tribunal de Justiça: os casos *Viking*, *Laval* e *Rüffert*

Os recentes julgados do Tribunal de Justiça suscitaram novas questões sobre o regime de destacamento de trabalhadores. Enquanto no caso *Rüffert* estava em jogo o significado dos conceitos de "convenções coletivas de aplicação geral" e de "ordem púbica", nos casos *Viking* e *Laval* essas dúvidas se cruzaram com delicadas questões envolvendo o direito sindical e a aplicação direta das regras de concorrência na negociação coletiva.(205)

No caso *Viking* — Processo n. C-438/05, com acórdão de 11 de dezembro de 2007 —, uma empresa de *ferry boats* da Finlândia — *Viking Line ABP* — pretendia mudar o pavilhão de uma de suas embarcações deficitárias para matriculá-la na Estônia com o objetivo de fugir à aplicação de uma convenção coletiva finlandesa e, assim, reduzir o custo com os salários da tripulação.(206)

O sindicato dos marinheiros finlandeses e a Federação Internacional dos Trabalhadores no Transporte — *International Transport Workers' Federation* — responderam com um boicote para pressionar a empresa a manter a matrícula na

(205) Cf. CARABELLI, Umberto. *Europa dei mercati e conflito sociale*, cit., p. 125-126.

(206) **ACÓRDÃO DO TRIBUNAL DE JUSTIÇA (Grande Seção). 11 de Dezembro de 2007. «Transportes marítimos — Direito de estabelecimento — Direitos fundamentais — Objetivos da política social comunitária — Ação coletiva de uma organização sindical contra uma empresa privada — Convenção coletiva susceptível de dissuadir uma empresa de registar um navio sob o pavilhão de outro Estado-Membro». Pedido de decisão prejudicial nos termos do art. 234º CE, apresentado pela Court of Appeal (England e Wales) (Civil Division) (Reino Unido), por decisão de 23 de Novembro de 2005, entrado no Tribunal de Justiça em 6 de Dezembro de 2005, no processo International Transport Workers' Federation, Finnish Seamen's Union contra Viking Line ABP, OÜ Viking Line Eesti.** 1) O art. 43º CE deve ser interpretado no sentido de que, em princípio, não está subtraída ao seu âmbito de aplicação uma ação coletiva desencadeada por um sindicato ou um grupo de sindicatos contra uma empresa privada a fim de induzir esta última a celebrar uma convenção coletiva cujo conteúdo pode dissuadi-la de exercer a liberdade de estabelecimento. 2) O art. 43º CE é susceptível de conferir a uma empresa privada direitos que podem ser oponíveis a um sindicato ou a uma associação de sindicatos. 3) O art. 43º CE deve ser interpretado no sentido de que ações coletivas como as que estão em causa no processo principal, que visam induzir uma empresa cuja sede está situada num Estado-Membro determinado a celebrar uma convenção coletiva de trabalho com um sindicato estabelecido nesse Estado e a aplicar as cláusulas previstas nessa convenção aos trabalhadores de uma filial da referida empresa estabelecida noutro Estado-Membro, constituem restrições na acepção do referido artigo. 4) Estas restrições podem, em princípio, ser justificadas pela proteção de uma razão imperiosa de interesse geral, como a proteção dos trabalhadores, na condição de se provar que são aptas a garantir a realização do objetivo legítimo prosseguido e não ultrapassam o necessário para o alcançar.

Finlândia, o que a levou a demandar perante um tribunal de Londres afirmando-se prejudicada em sua liberdade de estabelecimento.

No juízo de reenvio, o Tribunal de Justiça reconheceu o direito às ações sindicais, qualificando-as como "direitos fundamentais", mas ressalvou que as medidas de conflito coletivo não podem implicar restrições à liberdade de estabelecimento, em especial quando se revelam "desproporcionadas" ao objetivo prosseguido.

No caso *Laval* — Processo C-341/05, com acórdão de 18 de dezembro de 2007 —, uma empresa da Letônia — *Laval un Partner Ltd* — ganhou um concurso para a construção de uma escola na cidade de Vaxholm, na Suécia, onde foi pressionada pelos sindicatos da construção civil a assinar a convenção coletiva do setor.(207)

Como ela se recusou a fazê-lo sob o argumento de que seus trabalhadores já estavam sujeitos à aplicação do convênio coletivo celebrado na Letônia, os sindicatos suecos desencadearam uma ação coletiva de bloqueio da obra para impedir a entrada dos operários e a entrega de mercadorias.

A empresa da Letônia pediu a intervenção das forças policiais, que informaram que nada podiam fazer porque a ação dos sindicatos suecos era lícita. Também a autoridade administrativa reportou-se à Diretiva n. 96/71 e declarou que a solução

---

(207) **ACÓRDÃO DO TRIBUNAL DE JUSTIÇA (Grande Seção). 18 de Dezembro de 2007. «Livre prestação de serviços — Diretiva 96/71/CE — Destacamento de trabalhadores no sector da construção civil — Legislação nacional que fixa as condições de trabalho e de emprego relativamente às matérias referidas no art. 3º, n. 1, primeiro parágrafo, alíneas a) a g), com exceção das remunerações salariais mínimas — Convenção coletiva no setor da construção civil cujas cláusulas fixam condições mais favoráveis ou dizem respeito a outras matérias — Possibilidade de as organizações sindicais tentarem obrigar, através de ações coletivas, as empresas estabelecidas noutros Estados-Membros a negociar caso a caso, a fim de determinar as remunerações salariais a pagar aos trabalhadores, e a aderir à convenção coletiva no setor da construção civil». Pedido de decisão prejudicial nos termos do art. 234º CE, que tem por objeto um pedido de decisão prejudicial nos termos do art. 234º CE, apresentado pelo Arbetsdomstolen (Suécia), por decisão de 15 de Setembro de 2005, entrado no Tribunal de Justiça em 19 de Setembro de 2005, no processo Laval un Partneri Ltd contra Svenska Byggnadsarbetareförbundet, Svenska Byggnadsarbetareförbundets avdelning 1, Byggettan, Svenska Elektrikerförbundet.** 1) Os arts. 49º CE e 3º da Diretiva 96/71/CE do Parlamento Europeu e do Conselho, de 16 de Dezembro de 1996, relativa ao destacamento de trabalhadores no âmbito de uma prestação de serviços, devem ser interpretados no sentido de que se opõem a que, num Estado-Membro onde as condições de trabalho e de emprego relativas às matérias referidas no art. 3º, nº 1, primeiro parágrafo, alíneas a) a g), desta diretiva estão previstas por disposições legislativas, com exceção das remunerações salariais mínimas, uma organização sindical possa tentar obrigar, através de uma ação coletiva sob a forma de um bloqueio de obras, como a que está em causa no processo principal, um prestador de serviços estabelecido noutro Estado-Membro a encetar negociações com ela sobre as remunerações salariais que devem ser pagas aos trabalhadores destacados, bem como a aderir a uma convenção coletiva cujas cláusulas estipulam, para algumas das referidas matérias, condições mais favoráveis do que as resultantes das disposições legislativas pertinentes, ao passo que outras cláusulas têm por objeto matérias não mencionadas no art. 3º da referida diretiva. 2) Os arts. 49º CE e 50º CE opõem-se a que, num Estado-Membro, a proibição imposta às organizações sindicais, de desencadear uma ação coletiva com o objetivo de revogar ou de modificar uma convenção coletiva celebrada por terceiros, seja subordinada à condição de que a ação diga respeito a condições de trabalho e de emprego às quais a lei nacional se aplica diretamente.

do conflito coletivo deveria ser alcançada por meio de negociação entre os parceiros sociais.

Diante do impasse, a cidade de Vaxholm pediu a rescisão do contrato. A medida acarretou a falência da empresa, que ajuizou demanda em tribunal da Suécia postulando a declaração de ilegalidade da ação sindical e que as organizações sindicais arcassem com indenização pelo prejuízo que lhe causaram.

No reenvio prejudicial, o Tribunal de Justiça argumentou que o art. 3º, ns. 1 e 8, da Diretiva n. 96/71 assegura aos trabalhadores destacados o salário mínimo do país de acolhimento, desde que garantido por lei, normas administrativas, decisões arbitrais ou convenções coletivas de *aplicação geral*.

Como não existia dispositivo de *aplicação geral*, a imposição do resultado de uma negociação "caso a caso" a uma empresa de outro Estado-membro geraria excessiva "incerteza jurídica" e violaria a liberdade de estabelecimento e a liberdade de prestação de serviços do agente econômico.

O Tribunal reconheceu a eficácia horizontal direta dos arts. 43 (*liberdade de estabelecimento*) e 49 (*liberdade de prestação de serviços*) do Tratado de Roma para recriminar a atuação sindical. Embora a greve seja um direito fundamental protegido pelo direito comunitário, o seu exercício deve ser equilibrado com a liberdade de prestação de serviços, submetendo-se ao "teste de proporcionalidade".[(208)]

Julgando a ação sindical "desproporcionada", concluiu que as normas do n. 7 e do n. 10 do art. 3º da Diretiva devem ser interpretadas de maneira restritiva à luz do propósito de assegurar a livre prestação de serviços, pelo que o nível de proteção do trabalhador destacado limita-se ao que dispõe o chamado "núcleo duro" do n. 1, 1º parágrafo, alíneas "*a*" a "g", do art. 3º da norma comunitária.[(209)]

---

(208) A questão foi enfrentada expressamente no caso *Viking* (pontos 55 e 56), mas encontra espaço também no caso *Laval* (ponto 99). No caso *Albany* — Processo C-67/96, com acórdão de 21 de setembro de 1999 —, o Tribunal adotou uma solução equilibrada para o confronto entre atuação sindical e livre concorrência. Afirmou que, conquanto a contratação coletiva possa causar restrições à liberdade de concorrência, para não comprometer os objetivos de política social por ela perseguidos, deve-se considerar que as convenções coletivas não entram no âmbito da aplicação do antigo art. 81 do TCE, atual art. 101 do TFUE, que fixa regras de livre concorrência. Essa escolha parecia construir uma "área de imunidade" ou *"golden formula"* para a contratação coletiva perante a liberdade econômica para evitar que elas entrassem em rota de colisão. Significava o reconhecimento de que sendo a contratação coletiva, por sua própria natureza, destinada a alterar a livre concorrência entre os trabalhadores e a empresa no mercado, não pode ser acusada de causar desequilíbrio na concorrência, dado que é admitida pelo direito comunitário (Cf. CARABELLI, Umberto. *Europa dei mercati e conflito sociale*, cit., p. 148-149).

(209) Já se qualificou como "formalístico e acrobático" o argumento com que a Corte afastou a aplicação do quanto previsto no art. 3º, n. 8, da Diretiva n. 96/71 para limitar a proteção do trabalhador destacado a partir de uma leitura restritiva da norma do art. 3º, n. 1 (Cf. CARUSO, Bruno. *I diritti sociali nello spazio sociale sovranazionale e nazionale:* indifferenza, conflito o integrazione? (prime riflessioni a ridosso dei casi Laval e Viking), cit., nota n. 104, p. 36). Com a orientação adotada, o Tribunal de Justiça acabou por colocar em crise o sistema de contratação coletiva existente na Suécia, fundado sobre o confronto e a determinação "caso a caso" das condições de trabalho, em especial da retribuição mínima.

No caso *Rüffert* — Processo C-346/06, com acórdão de 3 de abril de 2008 —, uma empresa da Alemanha ganhou por concurso uma empreitada no estado alemão da Baixa Saxônia e subcontratou parte da obra a uma empresa da Polônia, que não pagou a remuneração mínima fixada na convenção coletiva da construção civil.(210)

A lei da Baixa Saxônia só permitia a adjudicação de contratos públicos com valor superior a 10 mil euros a empresas que se obrigassem a pagar aos seus trabalhadores, pelo menos, a remuneração mínima fixada na convenção coletiva do setor, incumbindo ao adjudicatário do contrato impor as mesmas obrigações aos seus subempreiteiros.

Em face da violação à convenção coletiva, o governo da Baixa Saxônia rompeu o contrato de empreitada e aplicou a penalidade prevista no contrato para o caso de incumprimento da obrigação, o que levou *D. Rüffert*, representante da empresa alemã, a demandar em um tribunal nacional contra a Baixa Saxônia.

No juízo de reenvio, o Tribunal de Justiça entendeu que o convênio coletivo cuja aplicação foi exigida pelo governo da Baixa Saxônia não havia sido declarado de aplicação geral no setor da construção civil, o que, aliado à inexistência de salário mínimo fixado por lei na Alemanha, dispensava a empresa de aplicar o salário estipulado nas convenções coletivas alemãs.(211)

De maneira paradoxal, a escolha sueca de não declarar de aplicação geral os contratos coletivos e de não impor às empresas estrangeiras a sua aplicação, a fim de evitar discriminações, voltou-se contra o seu prórpio sistema de relações coletivas de trabalho, considerado pela Corte em desconformidade com a Diretiva n. 96/71 (Cf. INGRAVALLO, Ivan. La Corte di giustizia tra diritto di sciopero e libertà economiche fondamentali. Quale bilanciamento?. *In: Il conflito sbilanciato,* cit., p. 45).

(210) **ACÓRDÃO DO TRIBUNAL DE JUSTIÇA (Segunda Seção). 3 de Abril de 2008. «Art. 49º CE — Livre prestação de serviços — Restrições — Diretiva 96/71/CE — Destacamento de trabalhadores no âmbito de uma prestação de serviços — Processos de adjudicação de empreitadas de obras públicas — Proteção social dos trabalhadores». Pedido de decisão prejudicial nos termos do art. 234º CE, apresentado pelo Oberlandesgericht Celle (Alemanha), por decisão de 3 de Agosto de 2006, entrado no Tribunal de Justiça em 11 de Agosto de 2006, no processo Dirk Rüffert, agindo na qualidade de administrador judicial da Objekt und Bauregie GmbH e Co. KG contra Land Niedersachsen**. A Diretiva 96/71/CE do Parlamento Europeu e do Conselho, de 16 de Dezembro de 1996, relativa ao destacamento de trabalhadores no âmbito de uma prestação de serviços, interpretada à luz do art. 49º CE, opõe-se, numa situação como a que está em causa no processo principal, a uma medida de caráter legislativo, adotada por uma autoridade de um Estado-Membro, que obriga a entidade adjudicante a só adjudicar contratos de empreitada de obras públicas a empresas que, no momento da apresentação das propostas, se obriguem por escrito a pagar aos seus trabalhadores, em contrapartida da execução das prestações em causa, pelo menos, a remuneração prevista na convenção coletiva aplicável no lugar de execução destas.

(211) "La Corte ha ritenuto che la normativa tedesca in materia di *Tariftreueerklärungen*, che può essere tradotta in italiano com qualcosa di simile a 'dichiarazioni sui contratti colletivi', sia contraria al diritto comunitario. Una simile conclusione ha suscitato non poco stupore fra i giuristi, specie se si considera che l'Avvocato generale Yves Bot aveva depositato un'opinione di segno diametralmente opposto. Più in generale, la decisione è stata accolta come uma spiacevole sorpresa dall'opinione pubblica tedesca e, soprattutto, dalla classe política e dai sindacati. Um esempio in tal senso è rappresentato dalle aspre critiche espresse dal Ministro tedesco per Il Lavoro e gli Affari Sociali, Olaf Scholz, nei commenti conclusivi presentati in occasione di uma conferenza organizzata dal suo Ministero in risposta alla serie di sentenze pronunciate dalla Corte nei casi *Viking, Laval* e *Rüffert*, allorchè ha denunciato come

A lei cuja aplicação estava em causa visava apenas um segmento da construção civil, aquele que envolvia os contratos públicos, de maneira que a rescisão do contrato e a multa não se justificavam pelo objetivo de assegurar uma proteção mínima aos trabalhadores, já que nada permitia concluir que essa proteção fosse necessária em obras públicas e não em obras privadas.

A exigência eliminava uma vantagem competitiva decorrente dos custos salariais mais baixos e, portanto, representava uma restrição à liberdade de prestação de serviços da empresa. Embora os trabalhadores destacados tenham direito a condições de trabalho dignas, elas teriam de ser fixadas por disposições de *aplicação geral*, na forma do art. 3º da Diretiva n. 96/71.

---

l'Europa, con un simile modello di sviluppo, può ricordarsi la posizione espressa da MICHAEL SOMMER, presidente della più importante organizzazione sindacale tedesca (*Deutsche Gewerkshaftsbund*), secondo Il quale simili decisioni costituiscono uma minaccia per la pace sociale, rischiando di aprire um conflitto permanente con i sindacati" (Cf. RÖDL, Florian. La Corte di giustizia e Il caso Rüffert: quali possibilità per um concorrenza 'non distorta' in materia salariale nell'esperienza tedesca. *In: Il conflitto sbalanciato*, cit., p. 132)

14. O significado e o impacto da jurisprudência do Tribunal de Justiça: a subordinação dos direitos sociais às liberdades econômicas

Em todos esses casos, o Tribunal de Justiça foi convocado a equacionar a tensão entre as liberdades de estabelecimento e de prestação de serviços em face da obrigação de os operadores econômicos respeitarem, no âmbito do regime de destacamento, o "núcleo duro" de disposições mínimas dos sistemas de relação de trabalho dos países de acolhimento previsto na Diretiva n. 96/71.

À partida, o Tribunal reconheceu a plena equivalência entre os valores e princípios sociais e econômicos no direito comunitário. Afirmou que "a Comunidade não tem somente uma finalidade econômica, mas também uma finalidade social, em que os direitos que derivam das disposições do Tratado relativas à liberdade de circulação de mercadorias, pessoas, serviços e capitais devem ser equilibradas com os objetivos perseguidos pela política social".(212)

Apesar disso, enunciou uma hierarquia de valor entre as liberdades econômicas e os direitos sociais. Depois de afirmar que a ação sindical configura-se como direito social fundamental, aplicou o critério da proporcionalidade e esvaziou-a de substância ao submetê-la à condição de não "entravar" a liberdade de estabelecimento e nem a liberdade de prestação de serviços.

O Tribunal entendeu que a Diretiva n. 96/71 não permite ao Estado de acolhimento subordinar a realização de uma prestação de serviços no seu território ao respeito de condições de trabalho que vão além das regras imperativas de proteção mínima, a não ser que os trabalhadores já se beneficiem no Estado de origem de condições de emprego mais favoráveis.

Os altos magistrados de Luxemburgo ressaltaram que as ações coletivas que constituam uma limitação à liberdade de estabelecimento e à livre prestação de serviços têm de ser "justificadas" à luz de quatro requisitos: *i)* a ação sindical deve perseguir um objetivo legítimo e compatível com os tratados; *ii)* deve ser justificada por razões imperativas de interesse geral; *iii)* deve ser idônea a atingir o objetivo perseguido; *iv)* não deve ir além do que é necessário para consegui-lo.(213)

Como percebeu Mario Galofaro, ao subordinar a liberdade de ação sindical às liberdades econômicas, o Tribunal não enveredou pelo caminho, por assim dizer,

(212) Cf. *Viking*, pontos n. 44-47; *Laval*, pontos n. 91-95.

(213) Cf. *Viking*, ponto n. 75; *Laval*, ponto n. 101.

"brutal", de negar que o direito de greve e a liberdade de contratação coletiva gozem de proteção no direito comunitário. Uma afirmação "forte" como esta não seria "*politically correct*" e levantaria um vespeiro de polêmicas em condições de deslegitimar a orientação jurisprudencial que se pretendia criar.[214]

Em vez disso, a Corte escolheu uma via mais "mórbida". Embora reconhecendo a natureza de direitos sociais fundamentais, colocou-os no mesmo plano da liberdade de estabelecimento e de prestação de serviços. Se estão no mesmo patamar, em caso de conflito devem ser ponderados. Uma vez aceita a necessidade de ponderação, o jogo estava feito: a ampla discricionariedade que esta técnica atribui ao juiz foi utilizada para sacrificar o direito de greve e a liberdade de contratação coletiva em favor da liberdade de estabelecimento e de prestação de serviços.[215]

A aplicação do critério de proporcionalidade é passível de crítica porque, em algumas situações, a utilização que os sindicatos fazem do direito de greve, com todos os seus riscos, é mesmo "desproporcional", justamente para o fim de alcançar um determinado objetivo, o que, de qualquer forma, entra no poder de autodeterminação que caracteriza a autonomia privada coletiva. [216]

Daí que, na prática, as limitações fixadas pela Corte acabam por desequilibrar o confronto entre as forças sociais e econômicas. Sem a efetiva garantia do direito de coalizão e de ação coletiva, não há como conceber livre mercado de trabalho, uma vez que é praticamente impossível o indivíduo defender-se sozinho perante a força do empregador.[217]

Outro aspecto que causa surpresa é a valoração atribuída ao art. 3º, n. 7, da Diretiva n. 96/71, que assegura a "aplicação de condições de emprego e trabalho mais favoráveis aos trabalhadores". A locução tanto pode ser interpretada como a tutela assegurada no Estado de origem, voltada a garantir um tratamento mais benéfico ao trabalhador, como a tutela assegurada pelo Estado de acolhimento, destinada a evitar a pressão ao rebaixamento das condições sociais.[218]

No entanto, o Tribunal interpretou a norma no sentido de proteger apenas os trabalhadores destacados por uma empresa estabelecida em um Estado-membro

---

(214) Cf. GALOFARO, Mario. La tradizione del costituzionalismo europeo e la recente giurisprudenza della Corte di Lussemburgo. *In: Il conflito sbilanciato,* cit., p. 10

(215) Cf. La tradizione del costituzionalismo europeo e la recente giurisprudenza della Corte di Lussemburgo. *In: Il conflito sbilanciato,* cit., p. 10

(216) Cf. INGRAVALLO, Ivan. *La Corte di giustizia tra diritto di sciopero e libertà economiche fondamentali. Quale bilanciamento?*, cit., p. 42.

(217) "É come se, nel ring costituito dalle regole giuridiche che disciplinano il conflito sociale, sindicati e lavoratori dovessero combattere la loro bataglia con un braccio legato dietro la schiena, non potendo liberamente cercare di ottenere, attraverso l'azione sindacale, la definizione contrattuale di migliori condizioni di lavoro e occupazione." (Cf. CARABELLI, Umberto. *Europa dei mercati e conflito sociale,* cit., p. 187)

(218) Cf. INGRAVALLO, Ivan. *La Corte di giustizia tra diritto di sciopero e libertà economiche fondamentali. Quale bilanciamento?*, cit., p. 46.

que ofereça condições de trabalho mais favoráveis em relação a outro que oferece condições menos favoráveis, sem considerar a oportunidade de uma aplicação mais geral do princípio do *favor laboris*.(219)

Os juízes argumentaram que a referida disposição "não pode ser interpretada no sentido de permitir ao Estado de acolhimento fazer depender a realização de uma prestação de serviços no seu território ao respeito de condições de trabalho e de emprego que vão além das regras imperativas de proteção mínima", já que "tal interpretação equivaleria a privar de *efeito útil* a diretiva em exame".(220)

A utilização da noção de "efeito útil", cujo propósito é garantir que as normas de direito comunitário possam atingir da maneira mais eficaz o próprio objetivo, é questionável porque significa legitimar a pressão exercida pelo destacamento para o rebaixamento das condições sociais no Estado de acolhimento cujas condições de trabalho sejam melhores do que as do Estado de origem.(221)

Com isso, opera-se uma "discriminação às avessas" para as empresas suecas ou alemãs, que, ao oferecerem os seus serviços no mercado europeu, têm de incorporar o custo econômico do respeito às regras de contratação coletiva de suas ordens jurídicas internas, o que acaba por prejudicá-las na disputa comercial com empresas estabelecidas em Estados-membros cujas garantias sociais sejam inferiores.(222)

Por outro lado, despreza-se um princípio fundamental do processo de integração europeia, qual seja, o da não discriminação, pois enquanto o indivíduo que, no exercício da liberdade de circulação, presta serviços em qualquer Estado-membro tem garantida a aplicação das regras sociais destinadas aos nacionais daquele Estado, o mesmo não se passa com o trabalhador que o faz em regime de destacamento.(223)

---

(219) *Laval*, ponto 81; *Rüffert*, ponto 34.

(220) *Laval*, ponto 80; *Rüffert*, ponto 33.

(221) "La Corte afferma, inoltre, in maniera invero apodittica, che l'art. 3.7 'non può essere interpretato nel sentido che esso consentirebbe allo Stato membro ospitante di subordinare la realizzazione di una prestazione di servizi sul suo território al rispetto di condizioni di lavoro e di occupazione cha vadano al di là delle norme imperative di protezione minima. [...] Peraltro, tale interpretazione finirebbe di privare di effetto utile la direttiva in esame'. Questo richiamo alla nozione di 'effetto utile', molto sviluppata nella giurisprudenza comunitaria ai fine di garantire che ogni norma del diritto comunitário sai interpretata in modo che possa raggiungere nella maniera più efficace Il proprio obiettivo, sembra criticabile nel caso di specie, perchè si traduce nell'accettare la 'concorrenza al ribasso' della mano d'opera distaccata in uno Stato membro in cui i diritti dei lavoratori sono meglio garantiti da parte di uma impresa stabilita in uno Stato membro dove lo sono di meno. In questo modo, emergono 'forme di competizione basate sui differenti standard di protezione sociale piuttosto che sulla qualità delle produzione." (Cf. INGRAVALLO, Ivan. *La Corte di giustizia tra diritto di sciopero e libertà economiche fondamentali. Quale bilanciamento?*, cit., p. 46-47)

(222) "In realtà, la decisione della Corte esprime una vera e propria presa di posizione nella difficile battaglia politica sul problema della competizione salariale. È um intervento a favore della competizione salariale e pertanto — quali che siano state le intenzioni dei giudici di Lussemburgo — è um intervento di parte, a beneficio degli interessi imprenditoriali." (Cf. RÖDL, Florian. La Corte di giustizia e Il caso Rüffert: quali possibilità per um concorrenza 'non distorta' in materia salariale nell'esperienza tedesca. *In: Il conflitto sbalanciato*, cit., p. 141)

(223) Cf. INGRAVALLO, Ivan. *La Corte di giustizia tra diritto di sciopero e libertà economiche fondamentali. Quale bilanciamento?*, cit., p. 47-48.

Em síntese, na ponderação de valores que entraram em rota de colisão — liberdade de prestação de serviços e de estabelecimento *versus* proteção do trabalhador em regime de destacamento —, o Tribunal de Justiça inclinou-se em favor da liberdade de prestação de serviços das empresas, o que significa um deslocamento do ponto de equilíbrio entre as liberdades econômicas e o valor social do trabalho.(224)

Assim como beneficia as empresas dos países do Leste, que ganham vantagens competitivas em face das empresas de Estados-membros mais desenvolvidos, que têm custos mais elevados com o trabalho, a jurisprudência do Tribunal de Justiça estimula a deslocalização de empresas de prestação de serviços para países que pagam salários mais baixos, enfraquece o poder de reivindicação dos trabalhadores e favorece o *dumping social*.(225)

Conforme lembrou Massimo Rocella, a Diretiva Bolkenstein tentou impor o critério do "país de origem", cujo efeito seria legitimar uma concepção de concorrência fundada sobre a compressão de salários e de direitos do trabalho. Mas enquanto ela foi "barrada na porta" pelo Parlamento Europeu, o risco de *dumping* social "entrou pela janela" com a "interpretação minimalista" que os juízes do Tribunal de Justiça extraíram da Diretiva n. 96/71.(226)

---

(224) Subsistem dúvidas sobre a legitimidade da atuação do Tribunal na solução do conflito entre greve e liberdade de prestação de serviços, tendo em vista que o atual art. 153, n. 5, do TFUE exclui explicitamente da competência da União Europeia a atuação em matéria de greve. "La pretesa competenza della Corte a decidere del conflitto tra sciopero e libertà di circolazione si rivela *prevaricatrice* della volontá sovrana degli Stati membri, oltre che ispirata da uma evidente opzione ideologica (di stampo neo-liberista)" (Cf. CARABELLI, Umberto. *Europa dei mercati e conflito sociale*, cit., p. 151). Em sentido contrário: "Questa opinione collide com l'orientamento, da tempo consolidato nella giurisprudenza della Corte e riaffermato nelle sentenze in esame, per cui gli Stati, anche in quei settori in cui la Comunità non ha competenza, sono comunque tenuti a rispettare Il diritto comunitário, il che ha la conseguenza di consentire alla Corte uma valutazione delle azioni colletive alla luce di tale diritto. È questa uma conseguenza dell'interpretazione estensiva da tempo affermata com riferimento al principio dalla leale collaborazione previsto dall'art. 10 TCE" (Cf. INGRAVALLO, Ivan. *La Corte di giustizia tra diritto di sciopero e libertà economiche fondamentali. Quale bilanciamento?*, cit., p. 38).

(225) Cf. CARABELLI, Umberto. *Europa dei mercati e conflito sociale*, cit., p. 175-177. "Apesar do inegável valor acrescentado que representa a inserção dos direitos sociais na Carta dos Direitos Fundamentais da União Europeia, não se deve esquecer que ela não afecta as competências que os Estados detém em matéria social, nomeadamente, a possibilidade de introduzirem restrições no nível de protecção social vigente no plano nacional sem que o direito comunitário possa interferir nesses casos (art. 51, n. 2). Essa situação é particularmente sensível face ao espectro das chamadas operações de deslocalização de empresas, cuja ameaça tem sido utilizada no plano nacional como uma forma de pressão dos meios empresariais para alcançarem diminuições dos encargos sociais existentes em certos Estados--membros, o que desencadeia uma tendência, por parte das autoridades públicas, para a flexibilização da protecção social em vista de um suposto aumento da competitividade das empresas. Este fenômeno de desregulação tem sido percebido por vastos sectores da sociedade civil como um custo político associado ao processo de integração econômica promovido pela União Europeia. Assim, e não obstante a faceta positiva da introdução dos direitos e princípios sociais no novo catálogo de direitos, a adopção da Carta dos Direitos Fundamentais parece não bastar para impedir os efeitos mais nocivos decorrentes da construção de um grande mercado interno cujo combate requer a elaboração de uma efectiva política social europeia." (Cf. SOARES, Antonio Goucha. *A Carta dos Direitos Fundamentais da União Europeia*. Coimbra: [s. n.], 2002. p. 152)

(226) Cf. *L'Unione europea fra neoliberismo* e dumping *social*, cit.

15. A reação do Parlamento Europeu à jurisprudência do Tribunal de Justiça

A hierarquia de valores fixada pelo Tribunal de Justiça provocou uma reação inédita do Parlamento Europeu. Em resolução legislativa aprovada em 22 de outubro de 2008 — "Sobre desafios às convenções coletivas na União Europeia" (2008/2085-INI) —, os parlamentares opuseram-se abertamente à jurisprudência da Corte com o argumento central de que as liberdades econômicas não poderiam ser interpretadas de modo a conceder às empresas o direito de se livrar ou de contornar leis e práticas nacionais no campo social.(227)

Afirmaram que a intenção do legislador da Diretiva n. 96/71 não está refletida nos acórdãos do Tribunal de Justiça, que, em vez de proteger os trabalhadores, convida à concorrência desleal entre as empresas, já que aquelas que assinam e cumprem os acordos coletivos terão uma desvantagem concorrencial perante as empresas que se recusam a fazê-lo.(228)

A Diretiva n. 96/71 foi editada com o objetivo de equilibrar um clima de lealdade de concorrência com medidas que assegurem o respeito aos direitos dos trabalhadores destacados. Tanto que a regra do n. 7 do art. 3º estabeleceu parâmetros mínimos "mais favoráveis" aos destacados, o que exclui a leitura de que o fim exclusivo da norma comunitária seria o de assegurar a livre prestação de serviços. "O que pensávamos ser uma diretiva mínima, tornou-se uma diretiva máxima".(229)

---

(227) As resoluções do Parlamento Europeu "visam exprimir a sua posição sobre uma questão importante ou de princípio, a fim de influenciar a acção da Comissão ou do Conselho e alertar para tal questão a opinião pública europeia" (Cf. CAMPOS, João de Mota Campos; CAMPOS, João Luiz Mota de. *Manual de Direito Europeu,* cit., p. 165).

(228) Ponto n. 9. Os parlamentares lamentam que as condições impostas a trabalhadores estrangeiros acima dos níveis mínimos sejam encaradas como obstáculos à livre circulação, se os trabalhadores não possuem condições mais favoráveis no país de origem. Questionam a introdução de um princípio de proporcionalidade no processo *Viking* para avaliar o direito a interpor uma acção coletiva contra empresas que, ao abrigo do direito de estabelecimento ou do direito da prestação transnacional de serviços, deliberadamente interfiram nos termos e condições de emprego; o princípio de proporcionalidade não é compatível com o carácter desse direito enquanto direito fundamental. Não devem existir dúvidas quanto ao direito de os sindicatos desencadearem acções laborais na defesa de tratamento igual e condições de trabalho segura e dignas (pontos n. 10 e 11). Alertam que "A situação actual poderá levar a que os trabalhadores em países de acolhimento sejam pressionados pela concorrência de baixos salários; o que, por sua vez, poderá conduzir à xenofobia e a contraproducentes sentimentos de ira contra a UE" (Ponto n. 16). Ademais, lamentam que o Tribunal de Justiça "não reconheça as Convenções ns. 87 e 98 da OIT, em que as restrições ao direito a acções laborais e aos direitos fundamentais apenas podem ser motivadas no respeito pela saúde, ordem pública e matéria semelhante" (Ponto n. 18).

(229) "A Diretiva dos Trabalhadores Destacados (DTD) tem sido tradicionalmente interpretada como uma diretiva *mínima*, no sentido de que estabelece um 'núcleo duro' de condições mínimas de trabalho que

Acrescentam que a posição do Tribunal afeta de maneira negativa os modelos de direito do trabalho que já conseguem combinar um alto grau de flexibilidade com elevado nível de segurança, como é o caso de Alemanha, Suécia e Finlândia,[(230)] o

---

os Estados-Membros têm de garantir e que também se aplica a trabalhadores temporários estrangeiros. No entanto, a DTD não exclui os sistemas com maior proteção. As razões para esta interpretação encontram-se principalmente no n. 7 do artigo 3º da diretiva: *'O n. 7 do artigo 3º da Diretiva 96/71 prevê que os ns. 1 a 6 deste artigo não obstam à aplicação de condições de trabalho e de emprego mais favoráveis para os trabalhadores'*. Esta percepção é, porém, alterada com a decisão no processo 'Laval', em que o Tribunal declara que o n. 7 do artigo 3º da Diretiva *'não pode ser interpretado no sentido de que permite ao Estado-Membro de acolhimento subordinar a realização de uma prestação de serviços no seu território ao respeito de condições de trabalho e de emprego que vão além das regras imperativas de proteção mínima'*. O acórdão afirma ainda que a DTD *'prevê expressamente o grau de proteção cujo respeito o Estado-Membro de acolhimento tem o direito de exigir a essas empresas'* (realce nosso) (n. 80), e continua, no número seguinte: *'o nível de proteção que deve ser garantido aos trabalhadores destacados no território do Estado-Membro de acolhimento é limitado, em princípio, ao previsto no n. 1, primeiro parágrafo, alíneas "a" a "g", do artigo 3º da Diretiva 96/71'*. O que o Estado-Membro de acolhimento pode impor a uma empresa estrangeira fica, assim, limitado ao núcleo essencial da DTD, e apenas a ele. Por outras palavras, o que pensávamos ser uma diretiva mínima tornou-se uma diretiva *máxima*. No raciocínio que conduziu a esta decisão, o tribunal *aboliu*, para fins práticos, o n. 7 do artigo 3º que permite termos e condições mais favoráveis. Assim, o salário nacional acordado pode ser reduzido para os trabalhadores destacados. Esta interpretação é ainda mais desenvolvida e explicada no processo 'Rüffert'. O TJCE afirma, no n. 32, que o salário normal em Niedersachsen *'não poderia ser considerada uma condição de emprego e trabalho mais favorável aos trabalhadores, na acepção do n. 7 do artigo 3º da Diretiva 96/71'*. O Tribunal continua, dizendo que *'tal interpretação equivaleria a privar de efeito útil a referida diretiva'* (v. *Laval un Partneri*, n. 80). Vale dizer, a diretiva não podia ser interpretada na forma como está escrita, dado que iria contra o propósito da diretiva que, o qual, de acordo com o Tribunal, é o de realçar a livre prestação de serviços e não a proteção dos trabalhadores" (Cf. Exposição de Motivos da Resolução do Parlamento Europeu, de 22 de outubro de 2008 (2008/2085-INI)

(230) "The Swedish labour relations system has now to cope with legal uncertainty while the government, the employers and the Trade Unions are increasingly struggling over labour regulation. Beyond its juridical aspects, the Laval case is thus a landmark political event, as it unveils and increases the turmoil of the Swedish autonomous labour relations. It thus displays a new opportunity for reforming industrial relations and labour regulations in Sweden, in a time when they are as much pressured at home as they are admired abroad." (Cf. ALBAN DAVESNE, "The Laval Case and the Future of Labour Relations in Sweden", in Les Cahiers Européens, n. 01/2009, fev. 2009) Ainda sobre o impacto da jurisprudência do Tribunal de Justiça no sistema de relações de trabalho da Suécia: MIA RÖNNMAR, "Libera prestazione di servizi, diritto del lavoro e rapporti colletivi di lavoro nell'esperienza svedese. Le implicazioni delle sentenze Laval, Viking e Rüffert, in Il conflitto sbalanciato, cit., p. 109-129. "In Germany, the Viking, Laval and Rüffert rulings have, for the first time, initiated a critical discussion on 'integration through law' and its consequences for the asymmetry of economic and social integration... The fact that rulings may be in line with the logic of European law does not automatically imply that their consequences are socially and politcally acceptable and, therefore, legitimate. The response to the rulings, therefore, must be a political one – a transnational political one, which makes the situation even more complicated, given the different interest of Member States, sectors, parties, employers and employees. Many commentators state that we face a problem of insufficient political and social integration. In general, this is right. However, more competence transfers to the European level will not solve the problem discussed here. We may suffer from a lack of integration in the social and political sphere. The Viking, Laval and Rüffert cases, however, concern situations in which integration — judicial integration — has gone too far. Therefore, more integration cannot be the adequate answer." (Cf. MARTIN HÖPNER, "Political answers to judicial problems? Europe after Viking, Laval and Rüffert", in Europe Trade Union Institute-REHS, 2008) Também sobre o impacto da jurisprudência do Tribunal de Justiça no sistema de relações de trabalho da Alemanha: FLORIAN RÖDL, "La Corte di giustizia e Il

que contraria a política social do Conselho Europeu, que definiu princípios voltados a formar mercados de trabalho que conciliem esses dois atributos — *flexibilidade* e *segurança* —, o modelo da "flexisegurança", cuja efetividade pressupõe a participação de parceiros sociais fortes e com significativo poder de negociação coletiva.[231]

Os parlamentares concluem apelando à Comissão Europeia que reveja a Diretiva em atenção às seguintes questões: *i)* a adoção de uma nova base jurídica para proteger os trabalhadores em destacamento, que devem ser encarados na perspectiva da *livre circulação de trabalhadores* e não da *livre circulação de serviços*; *ii)* a previsão da possibilidade de os Estados-membros se referirem na lei ou em convenções coletivas aos *salários habituais* aplicados no país de acolhimento, na forma da Convenção n. 94 da Organização Internacional do Trabalho — OIT, e não só para as tabelas salariais "mínimas"; *iii)* um limite para que o trabalhador seja considerado destacado, ao fim do qual teria plena aplicação as regra do país de acolhimento no que se refere a salários e condições de trabalho; *iv)* uma afirmação mais clara de que o direito comunitário não proíbe os Estados-membros nem os sindicatos de exigirem condições mais favoráveis para os trabalhadores.[232]

---

caso Rüffert: quali possibilità per um concorrenza 'non distorta' in materia salariale nell'esperienza tedesca", *in: Il conflitto sbalanciato*, cit., p. 131-141.

(231) "Os termos *'flexisegurança'* e *'flexigurança'* têm sido utilizados indiferentemente, em tradução do original em língua inglesa *'flexsecurity'*, que é também, naturalmente, um vocábulo não técnico, mas linguisticamente expressivo que procura conjugar as noções de *'flexibility'* e *'security'*. Não havendo ainda a fixação do equivalente português, adotamos o termo *'flexisegurança'* pela sua expressividade, que compensa a falta de rigor técnico." (Cf. RAMALHO, Maria do Rosario Palma. *Direito do Trabalho*. I. cit., nota n. 102, p. 76)

(232) Ponto n. 23.

16. O alargamento aos países da Europa Central e do Leste: a assimetria de regulação na União Europeia e a pressão para o rebaixamento das condições sociais

Apesar do empenho dos parlamentares em defesa do espaço social europeu, parece pouco provável que o esforço resulte nas alterações reivindicadas na Diretiva n. 96/71. Além de o Parlamento ser o elo mais fraco no arranjo institucional da União, sem poder de iniciativa no processo legislativo, existe a pressão do poder econômico e financeiro, interessado em aproveitar a eficiente combinação de plena mobilidade de capitais com significativas diferenças nacionais em matéria de trabalho.(233)

Mesmo que o desequilíbrio decorrente do alargamento aos países da Europa Central e do Leste seja um fenômeno transitório, no sentido de que tende a se reduzir sensivelmente ao médio prazo, como demonstra a experiência com o alargamento a Estados menos avançados sob o aspecto social e econômico, como foi o caso de Grécia, Portugal e Espanha nos anos 1980, há outras dificuldades que tornam a situação atual mais complexa.(234)

A primeira é a escassa relevância que os aspectos de política social receberam nos chamados *critérios de Copenhagen*, elaborados para regular os alargamentos e que

---

(233) Como resposta à repercussão negativa da jurisprudência do Tribunal de Justiça, acentuada pela resolução legislativa do Parlamento, a Comissão Europeia apresentou em março de 2012 uma proposta de regulamento com o objetivo de "reiterar inequivocamente a mensagem de que os direitos dos trabalhadores e a sua liberdade de fazer greve estão a par da liberdade de prestação de serviços" (Cf. "Comissão pretende melhorar a proteção dos trabalhadores destacados", Bruxelas, 21 mar. 2012. Disponível em: <http://europa.eu/rapid/press-release_IP-12-267_pt.htm>. Mas em setembro de 2012 a proposta foi retirada após o Comitê das Regiões e doze parlamentos nacionais manifestarem o entendimento de que a iniciativa conflita com as competências nacionais e com os princípios da subsidiariedade e da proporcionalidade que devem orientar a atuação da União (Cf. Parecer do Comitê das Regiões. Destacamento de trabalhadores no âmbito de uma prestação de serviços (2013/C/17/12). *In: Jornal Oficial da União Europeia*, 19 jan. 2013, item 10, p. 69). O "Comitê das Regiões" é um órgão consultivo que representa as autoridades locais e regionais da União Europeia. Sua missão é representar os pontos de vista regionais e locais no que se refere à legislação da União, por meio de relatórios (pareceres) sobre as propostas da Comissão. A Comissão, o Conselho e o Parlamento devem consultar o Comitê antes de serem tomadas as decisões sobre questões relativas à administração local e regional, como política de emprego, ambiente, educação ou saúde pública. (Cf. QUADROS, Fausto. *Direito da União Europeia*, cit, p. 302-303)

(234) Cf. INGRAVALLO, Ivan. *La Corte di giustizia tra diritto di sciopero e libertà economiche fondamentali. Quale bilanciamento?*, cit., p. 47.

se concentraram em questões de cunho político, jurídico e econômico.[235] Depois, surge a quantidade de países envolvidos no processo. Uma coisa é o ingresso de dois ou três Estados, outra é a passagem de quinze para 28 Estados-membros. Entra em cena a "sensibilidade jurídica" de treze novos Estados, seja ao nível de instituições políticas, com as novas composições do Conselho, da Comissão e do Parlamento Europeu, seja ao nível de órgãos judiciários, nos quais está em curso um processo de assimilação e de síntese entre tradições jurídicas por vezes bastante diferentes.[236]

Como pano de fundo, a assimetria de regulação da União, em que os dois pilares fundamentais da integração — o *mercado comum* e a *moeda única* — convivem com a fragmentação nacional dos regimes fiscais, de direito do trabalho e de segurança social. Sem *harmonização social*, as políticas públicas nacionais orientam-se no sentido da erosão dos direitos sociais, que se refletem nas estruturas de custos das empresas domésticas e, portanto, na capacidade de competirem com empresas de outros países. Sem *harmonização fiscal*, a economia nacional torna-se mais atraente para o investimento estrangeiro por meio de medidas de redução dos impostos sobre os lucros, com o que os Estados têm de se financiar cada vez mais com base em tributos sobre os rendimentos do trabalho e o consumo.[237]

A situação agrava-se porque os governos neoliberais dos novos Estados--membros sabiam que o instrumento dos *fundos estruturais*, destinado à redução das desigualdades sociais e econômicas entre os integrantes da União, não teria o mesmo alcance financeiro de quando concebido para auxiliar as economias do Sul da Europa, nos anos 1980, pelo que apostaram numa estratégia que combina sedução fiscal do investimento estrangeiro com uma força de trabalho qualificada e com níveis salariais relativamente baixos. Não é casual que os acórdãos *Viking*, *Laval* e *Rüffert* envolveram países que passaram a integrar a União Europeia em 2004, em relação aos quais é mais frequente o fenômeno do *dumping* social.[238]

---

(235) Em 1993, o Conselho Europeu de Copenhagen definiu três critérios para adesão de um Estado à União Europeia: *i) critério político* — dispor de instituições estáveis que garantam a democracia, o Estado de direito, os direitos humanos, o respeito das minorias e sua proteção; *ii) critério econômico* — existência de uma economia de mercado viável e a capacidade de fazer face às forças do mercado e à pressão da concorrência no âmbito da União; *iii) critério jurídico* ou do *acquis communautaire* — a aptidão para assumir as obrigações que decorrem da adesão, em especial, cumprir os objetivos políticos, econômicos e monetários (Cf. MARTINS, Ana Maria Guerra. *Manual de Direito da União Europeia*, cit., p. 120).

(236) Algo de parecido sucedeu por ocasião da Convenção Europeia dos Direitos do Homem, quando nos anos 1990 o ingresso de novos Estados da Europa Oriental levou à "correção de rota" da jurisprudência, com maior atenção a alguns direitos, em particular os econômicos, em relação a outros (Cf. INGRAVALLO, Ivan. *La Corte di giustizia tra diritto di sciopero e libertà economiche fondamentali. Quale bilanciamento?*, cit., p. 47-48).

(237) Cf. RODRIGUES, João; MAMEDE, Ricardo Paes. *Neoliberalismo e crise do projecto europeu*, cit. "Faltam competências à União Europeia para a harmonização necessária das economias nacionais, drasticamente divergentes do ponto de vista da sua competitividade." (Cf. HABERMAS, Jürgen. *Um ensaio sobre a constituição da Europa*, cit., p. 63)

(238) Cf. INGRAVALLO, Ivan. *La Corte di giustizia tra diritto di sciopero e libertà economiche fondamentali. Quale bilanciamento?*, cit., p. 47.

A ausência de uma harmonização politicamente conduzida resulta em uma *harmonização por baixo*, imposta por pressões concorrenciais. Em nome da "competitividade" e da preservação do emprego, comprime-se o crescimento dos salários e dos direitos sociais, em uma perversa engrenagem de fragilização e retrocesso dos padrões de desenvolvimento social.[239] Não deixa de ser uma escolha de política social,[240] que, além de atender por completo ao credo neoliberal, tem o apoio discreto dos governos dos países do alargamento a Leste, convencidos de que, nesse ambiente de ampla liberdade de prestação de serviços, podem satisfazer as legítimas aspirações de melhoria das condições de vida de suas populações.[241]

---

(239) Cf. RODRIGUES, João; MAMEDE, Ricardo Paes. Neoliberalismo e crise do projecto europeu, cit. "Na década de 1980, o sistema monetário europeu impôs aos seus membros uma política de ancoragem ao marco alemão e a submissão efetiva a uma dupla ortodoxia, monetária e orçamental, ditada pelas autoridades monetárias alemãs. Nessa altura, diferentes medidas ainda permitiam que os Estados melhorassem os seus custos relativos de produção: *desvalorização* (jogando com as taxas de câmbio) e *desinflação competitiva* (jogando com os salários, a fiscalidade etc.) Mas no início da década de 1990 os critérios de ajustamento estrutural impostos pelo Tratado de Maastricht consagraram a opção de uma coordenação liberal das políticas econômicas, resultante da relação de forças entre os grandes países... Em 1999, a criação do euro foi uma viragem: a moeda única passou a interditar que os Estados efetuem qualquer desvalorização ou atuem de qualquer outra maneira sobre as taxas de câmbio para melhorar a sua competitividade. Consequência: os salários passaram a ser a última variável de ajustamento de que os Estados dispõem para melhorar os seus custos relativos de produção. Essa situação acaba por exercer uma pressão constante sobre o poder de compra dos trabalhadores europeus" (Cf. DUFRESNE, Anne. *O consenso de Berlim*, cit.).

(240) Vale lembrar que, além das "formas abertas, diretas ou transparentes" de flexibilidade interna e externa com que o direito do trabalho é "atacado, abordado, enfrentado, encarado, modificado, alterado ou eliminado diretamente", há também "formas *indiretas* ou *dissimuladas* de flexibilização" (Cf. URIARTE, Oscar Ermida. *A flexibilidade*. São Paulo: LTr, 2002. p. 13).

(241) Cf. CARABELLI, Umberto. *Europa dei mercati e conflito sociale*, cit., p. 180-181. O risco é que, em vez de enriquecer os trabalhadores dos países pobres, essa política acabe por empobrecer os trabalhadores dos Estados-membros mais desenvolvidos (Cf. LASSANDARI, Alessandro. La Corte di Giustizia ed il sindacato. *In: Il conflitto sbalanciato*, cit., p. 166).

17. O "milagre alemão do emprego": o aumento da competitividade ao preço da precariedade

No cenário favorável à compressão de salários, é emblemática a reforma que a partir de 2001 a Alemanha realizou em seu mercado de trabalho, apontada como a maior mudança no estado social desde a Segunda Guerra. Após a queda do muro de Berlim, muitas empresas da antiga Alemanha Democrática naufragaram em um regime de livre mercado, o que levou o desemprego a ultrapassar o índice de 20%. Ao lado disso, a globalização colocou a economia alemã sob severas pressões competitivas.(242)

A solução concebida pelo governo social-democrata do chanceler Gerhard Schröder combinou flexibilidade das relações de trabalho com mecanismos de pressão para que os desempregados aceitassem empregos pouco qualificados, com salários mais baixos e piores condições de trabalho. Enquanto sindicatos e empresários ajustaram um regime de "moderação salarial" em troca de proteção ao emprego e crescimento econômico, as subvenções do governo permitiram reduzir a jornada de trabalho para que as empresas se ajustassem ao ciclo econômico sem dispensas. O trabalho temporário tornou-se um setor em si mesmo e foram criados os "miniempregos" (*mini-jobs*), contratos a tempo parcial, sem contribuições à segurança social e com salário de até 400 euros.(243)

A partir de 2006, o desemprego começou a diminuir e aproximou-se dos níveis anteriores à unificação. É de fato notável o contraste entre os níveis de emprego produzidos pelo "milagre alemão" e a grave situação de outros Estados-membros da União Europeia. Em 2011, o número de empregados na Alemanha superou pela primeira vez a barreira dos 41 milhões. O índice de desemprego reduziu de maneira constante e, em dezembro de 2012, situava-se em 5,3%, frente a 26,1% da Espanha, 26,8% da Grécia e 16,5% de Portugal, enquanto que a média da União Europeia era de 10,7%.(244)

---

(242) Cf. MARSH, Sarah; HANSEN, Holger. Sueldos de un euro a la hora en el 'milagro' laboral alemán. *In: El Pais*, Madrid, 9 fev. 2012.

(243) Cf. DUFRESNE, Anne. *O consenso de Berlim*, cit. "Estas reformas introduziram uma mudança de paradigma da política de mercado de trabalho na República Federal da Alemanha em 2002/2003. A fórmula era a seguinte: 'apoiar e exigir', mas o objetivo consistia em aumentar a pressão sobre os desempregados para que aceitassem empregos pouco qualificados, com salários mais baixos e piores condições de trabalho. Os cortes nos seguros de pensão e de doença levaram a uma redução significativa dos custos para as empresas. No entanto, a contrapartida esperada na forma de investimentos e postos de trabalho não se concretizou." (Cf. BECK, Ulrich. *A Europa alemã:* de Maquiavel a 'Merkievel'. Estratégias de poder na crise do euro. Lisboa, Edições 70, 2013. p. 81)

(244) Cf. *Eurostat news release*, 8 de fevereiro de 2012 e 3 de dezembro de 2012. Disponível em: <http://ep.eurostat.ec.eu>. "Muitos países vizinhos europeus olham com espanto, admiração ou até inveja

O lado sombrio é que, a pretexto de ampliar a oferta de emprego, a reforma do mercado de trabalho universalizou a "precariedade" e acentuou a desigualdade social.(245) Cerca da metade dos novos postos de trabalho na Alemanha é constituída por empregos precários no âmbito do trabalho temporário (cerca de um milhão), dos "mini-empregos" (cerca de 7,4 milhões) e dos contratos por prazo determinado (cerca de 3 milhões).(246) Em termos reais, os salários baixaram

---

para o 'milagre do emprego alemão'. Há vinte anos a Alemanha era o 'doente' da Europa, com uma economia estagnada e com quase 5 milhões de desempregados. Ao transformar-se na 'campeã', a Alemanha registrou nos últimos dois anos [2010 e 2011] um crescimento econômico de 3,7% e 3%, o dobro da média da União, o desemprego baixou quase pela metade e conseguiu-se até uma redução para um terço no desemprego dos jovens." (Cf. BECK, Ulrich. *A Europa alemã*, cit., p. 81)

(245) Um estudo da professora Brigitte Lestrade — *Travail temporaire:* la fin de exception allemande —, mostra o lado obscuro do "milagre" que começou quando, em 2001, o governo de Gerhard Schröder resolveu aplicar as ideias de Peter Hartz, executivo de recursos humanos da Volkswagen. Convencido de que os elevados subsídios de desemprego e sociais tendem a criar uma camada de "preguiçosos crônicos", o gestor concebeu um artifício que "pressiona" os desempregados a encontrar trabalho. Antes das reformas "Hartz", os desempregados que pagavam as contribuições tinham direito a um subsídio (*Arbeitsengeld* AG1) que durava dois anos e, em alguns casos, três anos. Após Hartz, a AG1 dura apenas um ano. Os desempregados de longa duração que tinham esgotado o direito ao AG1 começavam a receber o AG2, muito mais modesto. Havia também uma "ajuda social" (*Sozialhilfe*) para as pessoas ainda mais afastadas do mundo do trabalho. Agora, AG2 e *Sozialhilfe* estão fundidos num só benefício e distribuídos por centros especiais, em que cada desempregado deve dar "passos positivos", apresentando-se com cadência bimensal e aceitar qualquer emprego, mesmo que com salário inferior ao anterior, sob pena de perder os benefícios. O que isso tem a ver com a queda do nível de desemprego? Este sistema apagou milhões de pessoas da lista de desempregados para fazê-las reaparecer na lista dos "trabalhadores pobres", aqueles com "miniempregos" (*mini-jobs*): menos de quinze horas de trabalho por semana e salários inferiores a 400 euros por mês. Nesse regime, o Estado dispensa o pagamento de contribuições ligadas à saúde e à segurança social, o que tem estimulado as empresas a contratar trabalhadores da lista dos "pobres". Houve escândalos de empresas que preferem contratar duas ou três pessoas em regime de "miniemprego" em vez de um trabalhador em tempo pleno. O lado feio do "milagre" é que esses trabalhadores não têm contribuições, pelo que não acumulam para a reforma, não têm direito a seguro-desemprego e nem assistência de saúde. Nessa situação, encontra-se algo em torno de 5 milhões de pessoas. Mas os "miniempregos", com "minissalários", não são os únicos mal pagos. A Alemanha é o único país da Europa que não tem salário mínimo fixado em lei. Os "trabalhadores pobres", os que permanecem na pobreza apesar de trabalhar, já são 20% dos empregados. Um executivo do centro de emprego (*Arbeitsagentur*) de Hamburgo, sob condição de anonimato, afirma: *"Mas qual milagre econômico? Hoje, o Governo repete que estamos abaixo dos 3 milhões de desempregados, o que seria algo histórico. Mas a verdade é diferente: são 6 milhões de pessoas que recebem o subsídio Hartz, e são todos desempregados ou precários. O número real não é de 3 milhões sem trabalho, mas 9 milhões de precários".* Então a situação fica mais clara: a competitividade alemã tem o seu segredo naqueles 20% de desempregados e o "milagre alemão" repousa sobre um gigantesco *dumping* social. "É este o modelo proposto: a 'chinesização' da força de trabalho, com um baixo nível de qualificação e salários baixos." (Cf. BLONDET, Maurizio. *Il miracolo tedesco nascondere i senza lavoro*. Disponível em: <http://www.rischiocalcoltato.it>. Acesso em: 7 mar. 2012)

(246) Cf. BECK, Ulrich. *A Europa alemã*, cit., p. 82. "Recentemente a revista alemã *Der Spiegel*, que hoje está longe de ser de esquerda, publicou um diagnóstico muito interessante da estrutura da economia alemã. Chama-se 'The High Cost of Germany's Economic Success'. O artigo trabalha com uma série de comparações entre dados do emprego e da renda do trabalho de 1990 para cá. A tendência estrutural que desponta é a da desregulamentação das relações de trabalho em vários sentidos — sempre contra os trabalhadores, ainda que a pretexto de oferecer ampliação da oferta de empregos. O primeiro dado que chama a atenção é o aumento significativo dos contratos chamados de 'tempo parcial' (*Part Time*)

4,5%.[247] O número dos chamados "trabalhadores pobres" cresceu mais do que nos demais países com moeda comum.[248] O risco de pobreza cresceu: em 2011, já incluídos os benefícios sociais, 15,8% dos trabalhadores alemães ganhavam tão pouco que estavam no limiar da pobreza, frente aos 12,2% de 2005 e próximo à média da zona da moeda comum, que é de 16,9%.[249]

Ainda que de maneira involuntária, a Alemanha transformou-se na potência que lidera a Europa em crise.[250] Como explica Ulrich Beck, "o novo poder alemão na Europa não se baseia, como no passado, na violência enquanto *ultima ratio*. Ele não necessita de quaisquer armas para impor a outros Estados a sua própria vontade. Por isso, o discurso sobre o 'IV Reich' é absurdo. É também por esta razão que o poder baseado na economia é muito mais móvel: não precisa entrar a marchar, sendo, contudo, onipresente. O potencial de chantagem de que dispõe não provém da lógica da guerra, mas sim da lógica do risco, mais precisamente: do colapso econômico iminente. A estratégia de recusa — *não* fazer algo, não investir, não disponibilizar créditos e dinheiro — este 'não' de utilização múltipla constitui a alavanca central da potência econômica chamada Alemanha na Europa do risco financeiro".[251]

---

em detrimento dos de 'tempo integral' (*Full Time*). Em 1991 estes eram 29,4% dos contratos; em 2011, 23,9%; uma queda de 19%. Já os *Part Time* eram 5,8% em 1990, e em 2011, 12,6%: um aumento de 117%. Os contratos chamados de '*non traditional contracts*', ou seja, que não rezam a cartilha integral das leis trabalhistas, eram 22% em 1991; em 2010 chegaram a 33,3%, num aumento de 51%. Mas o dado mais impactante é que entre os jovens de 15 a 24 anos esses contratos eram 19,5% em 1997, subindo para 39,2% em 2007, aumentando 101% em 10 anos." (Cf. AGUIAR, Flavio. François Hollande e o "milagre alemão". *In:* <http://www.cartamaior.com.br>. Acesso em: 10 mar. 2013)

(247) Cf. Organização Internacional do Trabalho (OIT), *Informe mundial sobre salarios 2010-2011.* Políticas salariales en tiempos de crisis. Santiago: nov. 2011.

(248) Cf. MARSH, Sarah; HANSEN, Holger. *Sueldos de un euro a la hora en el "milagro" laboral alemán*, cit.

(249) Cf. Eurostat newrelease, 171/2012, "At risk of poverty or social exclusion in the EU27. In 2011, 24% of the population were at risk of poverty or social exclusion corresponding to around 120 million persons", 3 dez. 2012 (<http://ep.eurostat.ec.eu>); "Estudo aponta que salários na Alemanha diminuíram na última década", 20 jul. 2011 (<http://www.dw.de>).

(250) Embora a transformação da Alemanha na potência que lidera a Europa não seja o resultado de "um plano de mestre secreto", concebido "com tática e astúcia", é certo que ao longo do processo desencadeou-se uma fase de planejamento mais consciente. "A chanceler [Angela Merkel] reconheceu na crise a sua *occasione*, o 'momento favorável'. Graças a uma combinação de *fortuna* e *virtù* 'merkiavélica', conseguiu aproveitar a oportunidade histórica e beneficiar tanto ao nível da política externa como interna [...] Ganha mais uma vez em duplo sentido: mais poder na Europa e mais popularidade junto dos eleitores alemães." (Cf. BECK, Ulrich. *A Europa alemã*, cit., p. 78)

(251) Cf. *A Europa alemã*, cit., p. 73. O autor acrescenta que "Após o militarismo alemão e o Holocausto, a resposta à questão que os alemães faziam sobre si próprios até a reunificação com a RDA, mas também depois desta, era a seguinte: *Europa!* 'A Alemanha é a nossa pátria, a Europa o nosso futuro', disse o chanceler Kohl no seu programa de governo para 1991-1994. O objetivo seria a 'unificação política da Europa'. E Willy Brandt, durante a primeira sessão do Bundestag da Alemanha reunificada afirmou o seguinte: 'Alemão e europeu são agora, e oxalá para sempre, inseparáveis'. A Europa — como ficou consagrado no art. 23 da Constituição alemã – é uma parte da razão de Estado da Alemanha reunificada. Com o universalismo alemão da política de austeridade, as elites políticas, econômicas e jornalísticas começaram a transferir as 'verdades' adquiridas da reunificação para a Europa em crise, e a esperteza dos alemães ocidentais, bem como a atitude imperial em relação aos alemães do Leste foi

Em virtude dessa posição de supremacia — a "creditocracia" que refere Mario Monti —,[252] o êxito da reforma do mercado de trabalho à luz dos indicadores prestigiados pela ortodoxia econômica converteu a Alemanha em modelo a ser seguido pelos demais Estados-membros. Ignorando-se circunstâncias particulares de cada país, recita-se como mantra que o que é bom para a economia alemã é bom para a economia europeia, e não só.[253]

Exige-se dos países endividados a adoção de severos programas de austeridade — aumento de impostos e diminuição de despesas sociais —, que, ao menos até o momento, têm levado ao agravamento da crise europeia. Devido à recessão econômica, o consumo diminui, as falências aumentam, as receitas fiscais baixam e os custos do desemprego disparam. Segue-se o aumento da dívida pública, o que leva a medidas de austeridade mais rigorosas, que voltam a agravar a crise econômica. "É este o círculo vicioso ao qual a 'política de austeridade alemã para todos' conduz os países europeus endividados".[254]

A receita de austeridade imposta por Berlim tem um componente de *pragmatismo*, em que se supõe que "estimular a procura" representa um aumento de transferência dos contribuintes alemães para os países endividados do Sul, bem como inflação alta, conceito tabu desde a hiperinflação da República de Weimar, e também um componente *moral*, que exprime o ascetismo da ética evangélica protestante: "o sofrimento numa crise purifica'; o caminho que passa pelo inferno, o caminho que passa pela ditadura da austeridade, leva ao céu da cura econômica".[255]

---

transferida irrefletidamente para a 'má gestão' dos países endividados. Por outras palavras: o modelo para a política alemã de gestão da crise é a unificação com a RDA falida. Mas com uma diferença fundamental: na Europa em crise, a palavra solidariedade tornou-se impronunciável" (*op. cit.*, p. 84).

(252) Cf. *A democracia na Europa:* uma perspectiva de futuro, cit., p. 54.

(253) "Em 30 de março de 2010, declarou Christine Lagarde, então ministra da economia francesa: *'A Alemanha realizou um excelente trabalho ao longo dos últimos dez anos, melhorando a competitividade e exercendo uma forte pressão sobre os seus custos de mão de obra'*. Um pouco mais tarde, Jean-Claude Trichet, então governador do Banco Central Europeu, insistiu: *'As empresas alemãs souberam adaptar-se rapidamente à globalização' [...] 'O fato de prestarem muita atenção aos custos de produção e encetarem reformas para tornar a economia mais flexível pode servir de exemplo a todos os países vizinhos' [...] 'Criamos um dos melhores setores de baixos salários na Europa'*, congratulou-se Gerhard Schröder no Fórum Econômico Mundial de Davos, em 2005" [...] "Ao apresentarem a Alemanha como modelo de saída da crise, muitos se esquecem de precisar que Berlim consegue vender os seus produtos porque os seus parceiros lhe compram. As exportações alemãs dependem do consumo dos outros países da região, ela própria tributária do poder de compra das populações. Mas os oráculos de Bruxelas não desistem: as capitais europeias são convidadas a imitar Berlim." (Cf. DUFRESNE, Anne. O consenso de Berlim, cit.)

(254) Cf. BECK, Ulrich. *A Europa alemã*, cit., p. 82.

(255) Cf. BECK, Ulrich. *A Europa alemã*, cit., p. 82. A dimensão cultural e religiosa da crise é examinada por Massimo Franco, que destaca a perigosa oposição entre países "virtuosos e protestantes" do Norte da Europa e países "pródigos e católicos" do Sul: "Talvez não saibam que na Europa do Norte muita gente pensa que o *spread*, o diferencial entre a taxa de empréstimo dos países 'virtuosos' e dos que estão em maus lençóis, é o resultado de um pecado católico. Na Alemanha, o termo *Schuld* significa 'dívida', mas também 'falta'. Esta nuance semântica deixa transparecer profundas diferenças culturais e deixa que se compreenda melhor a desconfiança — ou preconceito — de certas nações da Europa

Um estudo publicado pela Organização Internacional do Trabalho e cofinanciado pela Comissão Europeia mostra que as desigualdades sociais aumentaram em toda a Europa como efeito da crise e que continuarão crescendo à proporção em que mais países introduzam medidas de austeridade e promovam reformas no direito do trabalho. "As reformas laborais adotadas em 2012 com o objetivo de estimular a competitividade, como o congelamento do salário mínimo e os cortes na proteção social na Espanha, a decisão de multiplicar os mecanismos de tempo parcial na França, a moderação adicional dos salários e o incremento dos empregos de baixa remuneração na Alemanha e em outros países, podem acarretar como consequência direta o aumento das desigualdades. Um número maior de pessoas ficará mais vulnerável a futuras crises. Ao longo prazo, a crise pode deter os progressos alcançados na Europa em relação ao emprego e às condições de trabalho."(256)

---

do Norte em relação aos países considerados membros de um indolente 'Club Med'. O *spread* com os títulos da dívida espanhola e italiana de um lado e alemã do outro acaba também por se revestir de sutilezas éticas, mais discriminatórias que os orçamentos dos Estados em questão, remetendo, por acaso, para valores que intercalam cultura e religião e injetam velhos venenos nas veias fatigadas da Europa. De fato, acaba de ser transgredido um tabu que traz à boca de cena os fantasmas da Reforma e da Contra-Reforma, das guerras travadas à sombra de um Deus europeu. Este aspecto das polêmicas destes últimos meses nem sequer foi evocado e, no entanto, reaparece intermitentemente, ao passo que o euro começa a evocar o desemprego, a pobreza e o declínio, deixando para trás a riqueza e a estabilidade. A retórica anti-italianos e anti-mediterrânicos e, no extremo oposto, a retórica anti-alemães alimenta-se inconscientemente de estereótipos culturais e religiosos. Antigas 'verdades', enterradas na memória do Velho Continente e que seria preferível não desenterrar sob pena de se quebrar o difícil compromisso entre as nações que, durante décadas, garantiram a paz social e política. Mas a incerteza fá-las aflorar ao espírito dos que propõem novos isolacionismos, na ilusão de que mais depressa nos conseguiremos salvar sozinhos do que todos juntos (...). Se a dívida também for uma culpa a expiar, cuja absolvição já não se consegue alcançar, as excomunhões e a dita supremacia geo-econômica e geo-religiosa ameaçam acordar demônios capazes de fazer a Europa recuar a outras épocas, não de há uns anos, mas de há várias décadas: as mais tenebrosas do século passado" (Cf. *Corriere della Sera*, 7 de setembro de 2012, "Una nuova guerra di religione". Disponível em: <http://www.presseurop.eu/pt/content/author/2652861-massimo-franco>. Acesso em: 30 abr. 2013).

(256) Cf. "Desigualdades no trabalho durante a crise. Testemunhos da Europa" — *Europa em crise*. Disponível em: <www.oit.org.br>. Acesso em: 6 mar. 2012. "A política de austeridade alemã não conseguiu até agora apresentar quaisquer sucessos. Pelo contrário: agora a crise da dívida também ameaça a Espanha, a Itália e, em breve, até mesmo a França. Os pobres ficam mais pobres, a classe média está ameaçada pelo declínio e continua a não haver luz no fim do túnel" (Cf. BECK, Ulrich. *A Europa alemã*, cit., p. 78). O exemplo de Portugal é ilustrativo da duvidosa eficácia da receita de austeridade, como mostra a seguinte matéria publicada pelo jornal "i" em 16 de março de 2013: "Os técnicos da *troika* [FMI, Comissão Europeia e Banco Central Europeu] previam inicialmente, em maio de 2011, que durante os três anos do programa, entre 2011 e 2014, a economia portuguessa contraísse 0,3%; com a revisão ontem divulgada por Vitor Gaspar [ministro das Finanças], a economia portuguesa encolherá, na melhor das hipóteses, 6,4%. Os técnicos da troika previam inicialmente que o pico do desemprego fosse atingido em 2012 com uma taxa de 12,4%; a revisão anunciada ontem pelo ministro das Finanças atira para 2014 e para 18,5% o pico da taxa média de desemprego, uma diferença que vale mais 330 mil pessoas desempregadas (Cf. BRUNO FARIA LOPES, "Gaspar e troika não acertam previsões". Disponível em: <www.ionline.pt>. Acesso em: 16 mar. 2013). Em junho de 2013, o Fundo Monetário Internacional fez um *mea culpa* e admitiu ter subestimado os efeitos negativos que as doses de austeridade que prescreveu teriam para a economia da Grécia (Cf. "Bruxelas discorda de conclusões de relatório do FMI sobre Grécia". Disponível em: <www.ionline.pt>. Acesso em: 6 jun. 2013).

Ao mesmo tempo, o "déficit social" persiste e se aprofunda. Algo em torno de 24% da população da União Europeia — cerca de 120 milhões de pessoas — estava em situação de risco de pobreza ou de exclusão social no ano de 2011. O número revela um ligeiro agravamento quando comparado com anos anteriores: em 2009, o índice era de 23,1%, e em 2010, de 23,4%.(257)

Em face desse quadro, Jürgen Habermas sublinha que a mais grave consequência da receita que orienta o combate da crise europeia é "a injustiça social, que brada aos céus, e que consiste no fato dos custos socializados do fracasso do sistema atingir com maior dureza os grupos sociais mais vulneráveis, que nem sequer fazem parte dos vencedores da globalização", que pagam a crise não com dólares, euros ou libras, mas com a "moeda forte da existência quotidiana".(258)

---

(257) Considera-se que tem baixa condição de vida quem não se enquadra em quatro dos seguintes critérios: *i)* pagamento de aluguel e contas da casa em dia; *ii)* condições de manter a casa aquecida; *iii)* lidar com despesas imprevistas; *iv)* comer carne, peixe ou proteína a cada dois dias; *v)* conseguir férias de uma semana; vi) ter carro, máquina de lavar, TV e um telefone. Em 2011, os maiores riscos estavam concentrados na Europa do Leste: Bulgária (49%), Romênia (40,3%), Letônia (40,1%) e Lituânia (33,4%). Os países com menor risco eram Islândia (13,7%), Noruega (14,6%), República Checa (15,3%) e Holanda (15,7%). Nos países mais ameaçados pela crise econômica, o índice oscilou entre 2009 e 2011. Na Espanha, subiu de 23,4% para 27%; em Portugal, caiu de 24,9% para 24,4%, depois de chegar a 25,3% em 2010; na Grécia, subiu de 27,6% para 31% (Cf. *Eurostat News Release*, 8 fev. 2012 e 3 dez. 2012. Disponível em: <http://ep.eurostat.ec.eu>).

(258) Cf. *Um ensaio sobre a constituição da Europa*, cit., p. 137. "Para efeitos estatísticos, Maria, Vítor, Alberto estavam acima da linha de pobreza não há muito tempo. Trabalhavam, tinham casa — do banco ou do senhorio, mas ainda assim — e o que ganhavam chegava para manter os filhos na escola e comer a horas certas. Com o agudizar da crise, Maria entregou a casa ao banco, Vítor viu-se atirado para um albergue, Alberto passou os últimos dois meses num edifício abandonado depois de outros tantos a dormir na rua. Têm histórias que, somadas, ilustram o modo como a pobreza vai corroendo devagarinho a vida de cada um, até que, na sua versão mais dura, os atira para a situação de carência e de exclusão social em que se encontram. Não estão sozinhos. Esta semana, o Eurostat contou 2,7 milhões de portugueses, ou seja, 25,3% da população, em risco de pobreza e exclusão social. Ao fim de um ano que, como 2011, acabou com um total de 670.637 famílias que não conseguem pagar as prestações dos seus empréstimos, muitos mais se lhes juntarão. As instituições que oferecem comida e abrigo estão lotadas. A maioria diz-se obrigada a recusar um tecto a quem lhes bate à porta. 'Todos os dias recusamos abrigo a duas ou três pessoas', conta Cláudia Silva, do Centro de Acolhimento do Beato, em Lisboa, numa ladainha que se vai repetindo em todas as instituições do género. A pobreza, apontam, tem várias fases. As pessoas perdem o emprego, a casa, esgotam a ajuda da família e dos amigos e, quando nada é feito, 'ao fim de dois ou três anos chegam ao fim da linha, à rua', como diz Ana Martins, da Assistência Médica Internacional. Para o investigador Carlos Farinha Rodrigues, especialista em questões de pobreza, 'é evidente que esta crise vai colocar em sérios riscos aqueles que estavam marginalmente acima da linha de pobreza'. Com as redes familiares perto de rebentar, o investigador diz que Portugal precisa com urgência de indicadores de alerta sobre as situações de precariedade e pobreza. Sem prevenção, as histórias que se seguem multiplicar-se-ão por centenas e milhares." (Cf. FARIA, Natalia. A pobreza não acontece de repente, vai corroendo a vida devagarinho. *In: Público*, 12 fev. 2012)

18. As perspectivas do projeto social europeu

Se for verdade que o futuro da União Europeia é aquele para o qual a jurisprudência do Tribunal de Justiça já nos preparou,(259) então o estado da arte da jurisprudência em matéria de destacamento aponta o projeto social europeu para um futuro sombrio, porquanto a lógica da prevalência das liberdades econômicas sobre os direitos sociais é campo fecundo para o *dumping* social.

Nesse panorama pessimista, deposita-se a esperança em alguns sinais que confirmariam a percepção de que o efeito vinculativo que o Tratado de Lisboa conferiu à Carta dos Direitos Fundamentais da União Europeia, em especial a cláusula do art. 53, pode representar a novidade capaz de provocar a mudança na rota da jurisprudência do Tribunal de Justiça.(260)

A esse respeito, no dia 5 de maio de 2010, no Processo C-515/08, o advogado-geral junto ao Tribunal de Justiça, Pedro Cruz Villalón, manifestou o seguinte entendimento em causa que envolve a tensão entre destacamento de trabalhadores e liberdade de prestação de serviços:

> *"A entrada em vigor do Tratado de Lisboa implica que, quando as condições de trabalho se apresentam como motivos imperativos de interesse geral que justificam uma restrição à liberdade de prestação de serviços, elas não devem mais ser interpretadas restritivamente. Na medida em que a proteção do trabalhador torna-se um fator merecedor de proteção diretamente pelos Tratados, não nos encontramos mais diante de uma simples restrição a uma liberdade, nem, tão menos, diante de uma restrição não escrita e extraída pela jurisprudência. O novo sistema de direito primário, impondo obrigatoriamente um elevado grau de proteção social, está fazendo que os Estados-membros, em nome da garantia de um determinado nível de proteção social, possam impor limites a uma liberdade, e autoriza-os a fazê-lo sem que o direito da União considere essa limitação algo extraordinário e, enquanto tal, sujeita a uma valoração restritiva. Dita tese, sufragada pelos preceitos dos Tratados, encontra expressão, na prática, na aplicação do princípio da proporcionalidade."* (ponto n. 53)(261)

---

(259) Cf. SARMIENTO, Daniel. *Poder judicial e integración europea*. La construción de um modelo jurisdiccional para la Unión, cit., p. 353.

(260) Cf. ALES, Edoardo. *'Non regresso' senza* dumping *sociale ovvero del 'progresso' nella modernizzazione* (del modello sociale europeo), cit., e CARABELLI, Umberto; LECCESE, Vito. *Libertà di concorrenza e protezione sociale a confronto*. Le clausole di favor e di non regresso nelle direttive sociali, *cit*.

(261) Cf. <www.curia.europa.eu>. Acesso em: 15 ago. 2010.

Essa abordagem indica uma nova interpretação para a Corte. Conquanto não se altere a valoração de razoabilidade mediante o teste de adequação, necessidade e proporcionalidade na operação de ponderação entre direitos sociais e liberdades econômicas, muda o peso específico em favor da tutela do trabalho, o que permite acreditar que a "Carta de Nice" possa inclinar a jurisprudência para o lado social.(262)

Mas esses argumentos podem não ser suficientes para alterar a jurisprudência do Tribunal de Justiça, o que é legítimo especular na proporção em que no caso *Laval* a Corte adotou entendimento diferente do que foi defendido pelo advogado-geral P. Mengozzi, que ponderou que a liberdade de prestação de serviços e a Diretiva n. 96/71 não impedem que os sindicatos recorram a ações coletivas motivadas por objetivos de interesse geral, como a proteção dos trabalhadores e a luta contra o *dumping* social, sempre que exercidas de maneira proporcional à concretização dessas finalidades.(263)

Em março de 2012, a Comissão Europeia divulgou uma proposta de diretiva com o objetivo de reforçar a proteção dos trabalhadores destacados.(264) Embora

---

(262) Cf. CARUSO, Bruno. *I diritti sociali fondamentali dopo Il Tratatto di Lisbona (tanto tuonó que piovve)*, cit., p. 18. Em 7 de outubro de 2010, a Segunda Seção do Tribunal de Justiça proferiu o seguinte acórdão no processo em que foi emitido o parecer: **"Pedido de decisão prejudicial do Rechtbank van eerste aanleg te Antwerpen — Bélgica — processo penal contra Vítor Manuel dos Santos Palhota, Mário de Moura Gonçalves, Fernando Luis das Neves Palhota, Termiso Lda (Processo C-515/08).** ***"Livre prestação de serviços — Arts. 56º TFUE e 57º TFUE — Destacamento de trabalhadores — Restrições — Empregadores estabelecidos noutro Estado-membro — Registro de declaração prévia de destacamento — Documentos sociais ou de trabalho — Documentos equivalentes aos previstos pelo direito do Estado-membro de acolhimento — Cópia — Conservação à disposição das autoridades nacionais".*** **Regulamentação nacional que obriga as empresas do setor da construção que efetuam trabalhos temporariamente num Estado-membro a apresentarem uma declaração de destacamento às autoridades do país de acolhimento.** Os arts. 56º TFUE e 57º TFUE opõem-se à legislação de um Estado-Membro que prevê, para um empregador estabelecido noutro Estado-Membro que destaca trabalhadores para o território do primeiro Estado, o envio de uma declaração prévia de destacamento, na medida em que o início do destacamento previsto está subordinado à notificação, a esse empregador, de um número de registro da referida declaração e que as autoridades nacionais desse primeiro Estado dispõem do prazo de cinco dias úteis, a contar da recepção da declaração, para proceder a essa notificação. Os arts. 56º TFUE e 57º TFUE não se opõem à legislação de um Estado-membro que prevê, para um empregador estabelecido noutro Estado-membro que destaca trabalhadores para o território do primeiro Estado, a conservação à disposição das autoridades nacionais deste, durante o período de destacamento, de uma cópia dos documentos equivalentes aos documentos sociais ou de trabalho exigidos pelo direito do primeiro Estado assim como o seu envio às referidas autoridades no termo desse período".

(263) A opinião do advogado-geral não vincula o Tribunal de Justiça. Aos advogados gerais compete propor ao Tribunal, com independência, uma solução jurídica nas causas que lhes estão distribuídas (Cf. DUARTE, Maria Luisa. *União Europeia — estática e dinâmica da ordem jurídica eurocomunitária*, cit. p. 253-254). Também no caso *Rüffert*, o advogado-geral Yves Bot manifestou entendimento em sentido oposto ao que prevaleceu no julgamento da Corte (Cf. RÖDL, Florian. La Corte di giustizia e Il caso Rüffert: quali possibilità per um concorrenza 'non distorta' in materia salariale nell'esperienza tedesca. *In: Il conflitto sbalanciato*, cit., p. 132).

(264) Cf. *Comissão pretende melhorar a proteção dos trabalhadores destacados*, cit. Segundo a Comissão Europeia, os destacamentos de trabalhadores são muitas vezes levados a cabo à margem das normas laborais e de segurança social, bem como das legislações fiscais. Entre os meios utilizados para contornar

o projeto avançe ao sugerir a responsabilidade solidária do empregador e do subcontratante, não enfrenta as questões de fundo levantadas pelos acórdãos *Viking*, *Laval* e *Rüffert*, em particular no que respeita à extensão das convenções coletivas, o alargamento do "núcleo duro" da Diretiva n. 96/71, a aplicação de disposições mais favoráveis do país de acolhimento e o respeito dos direitos sociais fundamentais, como o direito a greve.(265)

Junto com a proposta de diretiva, a Comissão encaminhou um projeto de regulamento destinado a clarificar a mensagem de que, mesmo no contexto da prestação de serviços transfronteiras, os direitos dos trabalhadores e a liberdade de greve estão no mesmo plano da liberdade de prestação de serviços.(266) Porém, em setembro de 2012, a proposta foi retirada após o Comitê das Regiões e doze parlamentos nacionais manifestarem o entendimento de que a iniciativa conflita com as competências nacionais e com os princípios da subsidiariedade e da proporcionalidade que devem orientar a atuação da União.(267)

---

as obrigações legais citam-se os seguintes: *i)* as contratações que têm unicamente em vista o destacamento, ou seja, as "sociedades de fachada", que permitem o registro de um endereço num país que é, supostamente, o Estado de origem do destacamento; *ii)* os "falsos trabalhadores autônomos", que não custeiam os encargos sociais e escapam à aplicação das condições laborais e salariais do país de acolhimento, conforme previsto na Diretiva 96/71, que só se aplica aos trabalhadores por conta de outrem; *iii)* a constituição de plataformas de trabalhadores destacados, que é costume de determinados grandes grupos, que instalam uma filial num Estado com normas fiscais e sociais financeiramente vantajosas e destacam trabalhadores para esse país; *iv)* o recurso abusivo ao destacamento para determinados postos em situação permanente (Cf. Parecer do Comitê das Regiões, "Destacamento de trabalhadores no âmbito de uma prestação de serviços" (2013/C/17/12), cit., p. 68). Na Resolução de 22 de outubro de 2008 (2008/2085 (INI)), em que o Parlamento Europeu manifestou a contrariedade da instituição com a orientação adotada pelo Tribunal de Justiça nos casos *Viking*, *Laval* e *Rüffert*, os parlamentares advertem da necessidade da adoção de "medidas para combater as 'empresas-fantasma', que não estão empenhadas em qualquer negócio genuíno e significativo no país de origem, mas são criadas, por vezes até directamente através do adjudicatário principal no país de acolhimento, com o único propósito de prestar 'serviços' no país de acolhimento e evitar a plena aplicação por parte do país de acolhimento das normas e regulamentos, especialmente no que se refere a salários e condições de trabalho" (ponto n. 24).

(265) Cf. Parecer do Comitê das Regiões, "Destacamento de trabalhadores no âmbito de uma prestação de serviços" (2013/C/17/12), cit., item 10, p. 69.

(266) Cf. *Comissão pretende melhorar a proteção dos trabalhadores destacados*, cit.

(267) No projeto de parecer encaminhado para apreciação do Comite das Regiões na sessão de 19 de setembro de 2012, o relator Alain Hutchinson formulou o seguinte entendimento: "12. mostra-se surpreendido com o fato de a Comissão ter adotado [...] uma proposta de regulamento (Monti II) relativa à conciliação do direito à greve com as liberdades econômicas da União Europeia com base na cláusula de flexibilidade sobre a realização do mercado interno (art. 352º do TFUE); 13. considera, com efeito, que o direito à greve não está subjugado ao objetivo complementar de concluir o mercado interno, já que se trata de um princípio intocável consagrado na Carta dos Direitos Fundamentais e que a *lex specialis*, conforme definida no art. 153º do Tratado, exclui explicitamente o direito de greve do campo de aplicação da legislação da UE; 14. opõe-se a este projeto de regulamento, uma vez que introduziria de forma mais flexível um princípio de respeito mútuo do direito à greve e da liberdade de prestação de serviços, que estaria em conflito com as legislações nacionais nesta matéria; 15. apoia, neste contexto, a iniciativa dos 12 parlamentos nacionais (19 votos) que recorreram pela primeira vez ao mecanismo de alerta precoce perante a Comissão com a justificação de que estas propostas entram em conflito com as competências nacionais e o respeito dos princípios de subsidiariedade e de

Como última "fronteira defensiva" frente à força expansiva do poder europeu contra os direitos sociais, invoca-se a "doutrina dos contralimites", que se desenvolveu por obra do Tribunal Constitucional italiano e que veicula a ideia de imposição de "limites às limitações de soberania nacional".(268) Significa que o primado do direito europeu não é absoluto, de modo que não se sobrepõe à Constituição e ao respectivo catálogo de direitos fundamentais de cada Estado-membro.(269)

Por esse enfoque, argumenta-se que a plena eficácia dos direitos sociais em face das liberdades econômicas dependeria da atuação dos tribunais constitucionais em impor barreiras jurídicas à jurisprudência europeia que venha a reduzir a eficácia dos direitos sociais no plano nacional, como sucedeu nos recentes julgamentos do Tribunal de Justiça em matéria de destacamento de trabalhadores.(270)

---

proporcionalidade; 16. considera, por conseguinte, que, na hipótese de a Comissão não retirar a sua proposta de regulamento, o Comitê das Regiões deve estar em condições de preparar um recurso *ex post* contra a mesma por violação do princípio da subsidiariedade, tanto no que toca à base jurídica escolhida como à demonstração insuficiente de valor acrescentado de uma ação da UE nesta matéria; 17. estima, contudo, que a proposta relativa à execução da Diretiva 96/71/CE merece toda a atenção e velará por que a sua adoção não esteja, em caso algum, associada à adoção do Regulamento Monti II; 18. considera, com efeito, que a Diretiva 96/71/CE consagra direitos fundamentais cuja aplicação deve ser facilitada, que estes direitos associados à dignidade da pessoa foram aliás reforçados com a entrada em vigor do Tratado de Lisboa, o qual atribuiu, por sua vez, valor jurídico vinculativo à Carta dos Direitos Fundamentais, e que estes direitos não devem estar subjugados à lógica das liberdades econômicas; 19. lamenta, neste sentido, que a proposta da Comissão não tenha dado lugar a um debate sobre a escolha da base jurídica, a qual foi selecionada segundo um raciocínio de 'prestação de serviços' (art. 62º do TFUE em conjugação com o art. 53º), o que equivale, consequentemente, a tratar mais uma vez as questões de aplicação da Diretiva 96/71/CE sob a perspetiva das liberdades econômicas, sem envolver plenamente o Comitê das Regiões, o Comitê Econômico e Social Europeu e os parceiros sociais na elaboração de um texto que lhes diz diretamente respeito [...]" (Cf. Projeto de Parecer da Comissão de Política Econômica e Social, "Destacamento de trabalhadores no âmbito de uma prestação de serviços". Disponível em: <http://toad.cor.europa.eu/CORHelp.aspx>).

(268) A doutrina dos contralimites tem por objeto a desconformidade do direito comunitário com as normas constitucionais dos Estados-membros, no que toca ao efeito interno daquele direito ou à sua aplicabilidade pelos tribunais do Estado-membro cuja Constituição se encontre em causa. Além do Tribunal Constitucional italiano, a doutrina dos contralimites no domínio dos direitos fundamentais foi adotada pelo Tribunal Constitucional alemão (Cf. TELES, Miguel Galvão. Constituições dos Estados e eficácia interna do direito da União e das Comunidades Europeia — em particular sobre o art. 8º, n. 4, da Constituição portuguesa. *In: Estudos em homenagem ao professor doutor Marcello Caetano — no centenário do seu nascimento.* Coimbra: [s. n.], 2006. p. 300-301).

(269) Cf.AMARAL, Diogo Freitas do; PIÇARRA, Nuno. *O Tratado de Lisboa e o princípio do primado do direito na União Europeia:* uma "evolução na continuidade", cit., p. 17-18.

(270) A aplicação da "doutrina dos contralimites" é defendida por alguns em face do cenário que se desenhou com a recente jurisprudência do Tribunal de Justiça em destacamento de trabalhadores, que contrasta com a função constitucional de equilíbrio democrático que a greve desempenha no ordenamento jurídico italiano (Cf. CARABELLI, Umberto. *Europa dei mercati e conflito sociale*, cit., p. 199-201). Mas a estratégia é desaconselhada por outros na perspectiva da "oportunidade política". Seria como querer evitar o confronto com um novo cenário socioeconômico, caracterizado pela interação supranacional (europeia e mundial), para se refugiar no aparentemente abrigado âmbito nacional. Embora em um caso extremo não se exclua o recurso do contralimites, na hipótese concreta seria um caminho inadequado (Cf. LASSANDARI, Alessandro. *La Corte di Giustizia ed il sindacato*, cit., p. 168-169). Ao que se rebate com o argumento de que o recurso do contralimite no contexto enfocado não tem um propósito em si mesmo, valendo como instrumento destinado a forçar a abertura de um processo

O recurso extremo da "doutrina dos contralimites" justifica-se pelo temor de que a gramática dos direitos sociais confiada à interpretação do Tribunal de Justiça possa levar, ao longo do tempo, a um empobrecimento não somente da função que eles desempenham no espaço europeu, mas nomeadamente de sua específica identidade nacional, com a redução da intensidade da proteção que as Cortes Constitucionais oferecem-lhes nos respectivos sistemas jurídicos.(271)

Ao contrário da orientação tradicional dos sistemas nacionais de direito do trabalho, o direito social europeu não foi determinado pelo objetivo de proteção dos trabalhadores. É um direito de equilíbrios e compromissos, que sempre teve de conjugar os objetivos sociais com os interesses das empresas e do mercado comum de inspiração liberal. Por isso, as razões econômicas influenciam decisivamente o processo de harmonização em matéria social.(272)

Na análise de Mario Galofaro, a evolução que assistiremos nos próximos anos levará a uma União Europeia que assumirá como valor fundante ou a liberdade de mercado ou o pluralismo social; uma União que continuará a grande tradição do constitucionalismo europeu, como uma entidade política que se encarrega dos problemas de coesão social mediante os instrumentos do *Welfare State*, ou uma União Europeia que recusa essa herança em nome de um mercado desregulado e que usa o direito para reprimir o conflito e a autorregulação social das relações de trabalho por meio da contratação coletiva.

Ao sobrepor os direitos da concorrência à liberdade de atuação sindical, o Tribunal de Justiça teria aberto uma "insuportável contradição" entre o direito comunitário e a tradição do constitucionalismo democrático europeu. Existiriam

---

de negociação política que levaria a uma escolha democrática dos Estados-membros (Cf. CARABELLI, Umberto. *Europa dei mercati e conflito sociale*, cit., nota n. 189, p. 201).

(271) A preocupação com uma uniformização que ignore as tradições e os avanços sociais nacionais foi sintetizada no slogan que os manifestantes suecos gritavam durante as gestões desencadeadas pelo caso *Laval*: "As leis do trabalho suecas, na Suécia, para os trabalhadores suecos!" (Cf. CARUSO, Bruno. *I diritti sociali nello spazio sociale sovranazionale e nazionale:* indifferenza, conflitto o integrazione? (prime riflessioni a ridosso dei casi *Laval* e *Viking*), *cit.* p. 9). Conforme a análise de Stefan Sjöberg, um importante fator a contribuir para a forma como os modelos sociais nacionais têm mudado pode ser denominado de "integração negativa" da Europa. O termo é utilizado para indicar a pressão imposta pela globalização neoliberal e pela integração orientada pelo mercado sobre os sistemas sociais europeus. É uma integração negativa porque resulta na dissolução dos sistemas sociais de cada nação, sem que sejam substituídos por um sistema de bem-estar europeu. Essa forma de integração tem contribuído para a dissolução do modelo sueco de bem-estar. A fim de satisfazer as exigências para a adesão à União Europeia em 1994, a Suécia teve de adotar diversos regulamentos comunitários e reduzir o seu nível de gastos públicos. A par de outros fatores, como questões de política interna, essa forma de integração negativa levou a cortes severos no modelo social sueco. Enquanto para muitos países a integração europeia foi uma espécie de resgate após a Segunda Guerra, para a Suécia ela foi mais desastrosa do que a guerra. Segundo Sjöberg, é preciso estar consciente desta realidade para compreender a atitude negativa da população sueca em relação à União Europeia (Cf. The european welfare models: changes, prospects and strategies. *In: Transform! European network for alternative thinking and political dialogue*. Disponível em: <http://www.transform-network.net>. Acesso em: 16 jan. 2012).

(272) Cf. RAMALHO, Maria do Rosario Palma. *Direito social da União Europeia*, cit., p. 105-106.

duas maneiras de fugir desse conflito. "Ou abandona-se a tradição constitucional na gaveta dos sonhos perdidos, ou então se propõe à opinião pública uma interpretação diferente do direito comunitário. O segundo caminho é o único que permite à União sair do impasse em que se encontra. Quem julga indispensável consolidar a União Europeia tem de considerar o problema do 'déficit democrático' que ela acumulou e está acumulando: é ou não um problema o fato de que sempre que o Tratado é submetido à consulta popular ele é chumbado? Devemos ou não considerar o problema do escasso *appeal* que a Europa exerce sobre os seus cidadãos?"

Observa que a esfera jurídica reproduz a disputa política entre quem quer fundar a União sobre a tradição do constitucionalismo democrático europeu, de vocação social, e quem, ao contrário, pretende construí-la sobre um liberalismo desregulatório. Enquanto os primeiros tendem a valorizar o elemento formal das Constituições, que é relevante no plano do direito comunitário por força do art. 6º do TUE, os segundos buscam desviar a atenção deste pressuposto jurídico, porquanto sabem que é inviável uma modificação formal das Constituições que venha a consagrar a filosofia que defendem.

Do lado dos defensores do Estado social, o risco é que esta defesa, em vez de resultar na consolidação e ampliação dos direitos sociais no ordenamento europeu, leve a uma oposição objetivamente reacionária ao projeto de integração europeia. Do lado oposto, o risco é imaginar que o processo de unificação econômica possa avançar sem unificação política e esquecer que, na tradição dos países europeus, uma entidade política só se legitima na medida em que reconhece os direitos sociais fundamentais.

O saudoso professor da Universidade de Bari conclui que, embora os direitos sociais sejam um limite ao livre jogo das forças econômicas, o processo de unificação política, indispensável para o progresso do processo de unificação econômica, passa pela garantia, também ao nível comunitário, dos direitos sociais que integram a grande tradição do constitucionalismo europeu. Se não for assim, reforçar-se-á a convicção de que a defesa do Estado social e da soberania dos Estados nacionais é a mesma coisa, o que significará a negação do generalizado consenso de que só pode existir verdadeiro progresso na unificação política.[(273)]

A aposta em jogo é altíssima. Trata-se de escolher a direção a imprimir ao processo de integração: se a União Europeia deve ser nada mais do que um grande mercado baseado sobre o *dumping* social ou se, pelo contrário, tem de começar a se tornar uma comunidade supranacional fundada sobre a coesão social e o respeito aos direitos sociais fundamentais.[(274)]

---

(273) Cf. GALOFARO, Mario. La tradizione del costituzionalismo europeo e la recente giurisprudenza della Corte di Lussemburgo. *In: Il conflito sbilanciato*, cit., p. 9-12.

(274) Cf. ROCCELLA, Massimo. *L'unione europea fra neoliberismo e* dumping *sociale*, cit. Na análise de Jose Pedro Teixeira Fernandes, "Os sinais de esgotamento do modelo de integração europeia fundado nos anos 50 do século XX são muitos e diversos. Comecemos pelo óbvio: desde a crise de 2007/2008 que

A agitação das águas provocada pela crise econômico-financeira ainda impede a visão em perspectiva, o distanciamento crítico necessário para avançar uma leitura abrangente do significado dos acórdãos *Viking*, *Laval* e *Rüffert* no processo de afirmação do espaço social europeu. Em meio ao nevoeiro, as dúvidas são maiores do que as certezas. Certo apenas é que a jurisprudência do Tribunal de Justiça sobre destacamento de trabalhadores não justifica avaliação otimista. Como bem resumiu Bruno Caruso, "o horizonte não é límpido, mas por isso mesmo convém aguçar a visão e olhar longe".(275)

---

a 'simpática' União Europeia mostra, progressivamente, uma faceta 'antipática'. Isto ocorre não só pela sua incapacidade, que já parece crônica, para resolver a crise. São observáveis, à vista desarmada, formas de exercício de poder próprias da velha *power politics* europeia, proclamada, demasiado cedo, como fazendo parte do caixote do lixo da História. Julgava-se que a solidariedade, simbolizada pelo método comunitário — onde todos partilhavam a sua soberania transferindo-a para instituições comuns e onde os 'grandes' Estados aceitavam uma compressão do seu poder — à qual acresciam generosas transferências financeiras, era um dado adquirido. Essa não é a União Europeia de 2012. Muito provavelmente, também não vai ser a União Europeia do futuro. Tudo indica que os 'bons velhos tempos', anteriores a 2007/2008, não voltarão num horizonte temporal próximo, se alguma vez voltarem. Não é por acaso que a tradicional atitude 'silenciosa' e tacitamente permissiva das populações sobre a construção europeia se modificou. Está a dar lugar a manifestações ruidosas de 'indignados', as quais ocorrem um pouco por todas as capitais europeias e na sede das instituições da União, em Bruxelas, e a outros movimentos sociais e políticos contestatórios. No passado, a atitude permissiva (na realidade, apática) dos cidadãos foi usada pelas elites político-económicas europeias como uma luz verde para, através de um modelo de capitalismo (neo) liberal e do 'poder dos mercados', tentar também unificar a Europa. Aspecto importante: esse caminho teve o apoio da (bastante) minoritária, mas influente, corrente europeísta-federalista. Dada a impossibilidade de criar uma Europa federal à partida, esta viu na integração económica o motor (possível) para a ambicionada integração política. Assim, acabaria por ser vencida a resistência dos cidadãos e o seu apego aos Estados nacionais. A economia de mercado levaria ao almejado fim, através de sucessivos processos de aumento das áreas económicas geridas em comum. Os ganhos de bem-estar obtidos desempenhariam o papel de cimento do processo e conduziriam, por um efeito de *spillover* (ou seja, de alastramento), à integração política. O problema é que o modelo esgotou a fórmula em que assentava antes de atingir o objetivo, deixando a União à deriva no meio da ponte. A solidariedade, ou, talvez mais realisticamente, o 'casamento de conveniência' em que se baseou, está notoriamente em causa" (Cf. *A Europa em crise*, cit., p. 102-104).

(275) "Quali conclusioni i giuristi del lavoro possono trarre dai casi esaminati? L'orizzonte sociale dell' Europa che i giudici europei incominciano a disegnare è cosi oscuro come molti sono propensi a pensare? Davvero l'impatto della tradizione costituzionale italiana com la dimensione sovranazionale mette a rischio uma pluridecennale identità dei diritti sociali colettivi, non solo specifica e peculiare ma anche di forte contenuto sostanziale e di tutela procedurale? Davvero l'apertura sovranazionale transnazionale dello spazio sociale può rivelarsi um distruttivo dono dei Danai? Sarebbe troppo spingersi sino a questo punto; è certo, comunque, che i casi *Laval*, *Viking*, ma pure *Rüffert*, non giustificano neppure stucchevoli ottimismi... L'orizzonte non è limpido ma proprio per questo ocorre aguzzare la vista e guardare lontano." (Cf. CARUSO, Bruno. *I diritti sociali nello spazio sociale sovranazionale e nazionale: indifferenza, conflitto o integrazione?*, cit., p. 40)

Referências bibliográficas

ABRANTES, José João. Do Tratado de Roma ao Tratado de Amsterdão — a caminho de um Direito do Trabalho europeu? *In: Questões Laborais*, Coimbra, n. 16, 2000.

AGUIAR, Flavio. *François Hollande e o "milagre alemão"*. *In:* <http://www.cartamaior.com.br>.

ALES, Edoardo. "Non regresso" senza *dumping* sociale ovvero del "progresso" nella modernizzazione (del modello sociale europeo). Disponível em: <http://www.lex.unict.it/eurolabor/news/dlm/1-2007/ales.pdf>.

ALVARES, Pedro. *O Tratado de Lisboa e o Futuro da Europa*. Lisboa: Comissão Europeia, 2010.

ALVES, Rui Henrique Ribeiro Rodrigues. *O futuro da União Europeia:* organização económica e política no contexto dos desafios pós-euro. Faculdade de Economia do Porto, Doutoramento em Economia, 2008.

AMARAL, Diogo Freitas; PIÇARRA, Nuno. O Tratado de Lisboa e o princípio do primado do direito na União Europeia: uma "evolução na continuidade". 2003, p. 17-18. *In:* <http://www.fd.unl.pt/docentes_docs/ma/np_MA_7966.doc>.

ANACORETA, José Pedro; NASCIMENTO, André. Destacamento de trabalhadores. *In: Foro de Actualidad*, n. 18, 2007.

BAAMONDE, Maria Emilia Casas. Los desplaziamentos temporales de trabajadores em La Union Europea y em El Espacio Económico Europeo. *In: Cuadernos Civitas*, Madrid, 2001.

BARROSO, Luis Roberto. Constituição, democracia e supremacia judicial: Direito e política no Brasil contemporâneo. Disponível em: <http://www.migalhas.com.br/mostra_noticia_articuladas.aspx?cod=101381>.

____________. A americanização do direito constitucional e seus paradoxos: teoria e jurisprudência constitucional no mundo contemporâneo. Disponível em: <http://www.migalhas.com.br/mostra_noticia_articuladas.aspx?cod=90987>, p. 37.

BECK, Ulrich. *A Europa alemã:* de Maquiavel a "Merkievel". Estratégias de poder na crise do euro. Trad. Mirian e Teresa Toldy. Lisboa: Edições 70, 2013.

BLONDET, Maurizio. Il miracolo tedesco nascondere i senza lavoro. Disponível em: <http://www.rischiocalcoltato.it>.

BORGOGELLI, Franca. O direito e a jurisprudência social comunitária. *In: Questões Laborais*, Coimbra, 1997.

CAMPOS, João de Mota; CAMPOS, João Luiz Mota de. *Manual de direito Europeu*. Coimbra: [s. n.]. 2010.

CARABELLI, Umberto. *Europa dei mercati e conflito sociale*. Bari: Cacucci, 2009.

____________. Libertà di concorrenza e protezione sociale a confronto. Le clausole di favor e di non regresso nelle direttive sociali. *In: Working Papers* CSDLE Massimo D'Antona, Int. n. 35/2005.

CARUSO, Bruno. I diritti sociali fondamentali dopo Il Tratatto di Lisbona (tanto tuonó que piovve). *In: Working Papers* CSDLE Massimo D'Antona, Int. n. 81, 2010.

__________. I diritti sociali nello spazio sociale sovranazionale e nazionale: indifferenza, conflitto o integrazione? (prime riflessioni a ridosso dei casi *Laval* e *Viking*). *In: Working Papers* CSDLE Massimo D'Antona, Int. n. 61, 2008.

CASSEN, Bernard. Contra-ataque neoliberal. *In: Le Monde Diplomatique*. Edição brasileira, nov. 2005.

__________. A fratura exposta da democracia. *In: Le Monde Diplomatique*. Edição brasileira, jul. 2008.

COELHO, Carlos. Estratégia Europa 2020. *In: Novo dicionário de termos europeus*. Lisboa: Aletheia, 2011.

CORREIA, José Matos. Princípio da proporcionalidade. *In: Novo dicionário de termos europeus*. Lisboa: Aletheia, 2011.

DAVESNE, Alban. The Laval Case and the Future of Labour Relations in Sweden. *In: Les Cahiers Européens*, n. 01, 2009.

DAVI, Mario. Método aberto de coordenação. *In: Novo dicionário de termos europeus*. Lisboa: Aletheia, 2011.

DUARTE, Maria Luisa. Direito comunitário do trabalho. *In: Estudos do Instituto de Direito do Trabalho*. I. Coimbra: Almedina, 2001.

__________. O Tratado de Lisboa — uma visita guiada ao novo estatuto jurídico da União Europeia. *In: Estudos sobre o Tratado de Lisboa*. Coimbra, Almedina, 2010.

__________. *União Europeia — estática e dinâmica da ordem jurídica eurocomunitária*. Coimbra, Amedina, 2011.

DUFRESNE, Anne. O consenso de Berlim e o difícil contra-ataque dos sindicatos europeus. *In: Le Monde Diplomatique*. Edição portuguesa, fev. 2012.

DURAND, Cédric. Uma Europa cada vez menos democrática. *In: Le Monde Diplomatique*. Edição brasileira, nov. 2012.

ESCÁMEZ, Ana Quiñones. Outra lectura de la jurisprudencia del TJCE sobre desplazamiento de trabajadores (del asunto Arblade al Portugaia). *In: Revista Direito Comunitario Europeo*, ano 6, n. 12.

FARIA, Natália. A pobreza não acontece de repente, vai corroendo a vida devagarinho. *In: Público*, Lisboa, 12 fev. 2012.

FEATHERSTONE, Kevin. Jean Monet and the Democratic Deficit in the European Union. *In: Journal of Common Market Studies*, v. 32, n. 2, jun. 1994.

FERNANDES, José Pedro Teixeira. *A Europa em crise*. Vila do Conde: Quidnovi, 2012.

FERREIRA GOMES, Antonio Julio Leitão. *Os pais fundadores da Comunidade Europeia*. Coimbra: Quarteto, 2001.

FIALHO, Maria José. Livro verde. *In: Novo dicionário de termos europeus*. Lisboa: Aletheia, 2011.

FREIRE, Paula Vaz. A União Europeia em busca de um modelo de *economia social de mercado*. *In: Estudos em homenagem ao professor doutor Paulo de Pitta Cunha*. I. Coimbra: Almedina, 2010.

GALOFARO, Mario. La tradizione del costituzionalismo europeo e la recente giurisprudenza della Corte di Lussemburgo. *In:* VIMERCATI, Aurora (org.). *Il conflito sbilanciato — libertà economiche e autonomia colletiva tra ordinamento comunitario e ordinamenti nazionali.* Bari: Cacucci, 2009.

GARRIGOU, Alan. Eleições vazias. *In: Le Monde Diplomatique.* Edição brasileira, jul. 2009.

GOMES, José Caramelo. *Lições de direito da União Europeia.* Coimbra: Almedina, 2009.

GOMES, Julio. *Direito do Trabalho.* I. Coimbra: Coimbra Editora, 2007.

GORJÃO-HENRIQUES, Manuel. *Direito Comunitário.* Coimbra: Almedina, 2008.

____________. O Tratado de Lisboa: a resposta adequada aos desafios da globalização? *In: Cadernos "O Direito" — Tratado de Lisboa*, Coimbra, Almedina, n. 5, p. 112, 2010.

GOULARD, Sylvie. *A democracia na Europa: uma perspectiva de futuro.* Trad. Maria Eduarda Colares. Lisboa: Presença, 2013.

GUERRA MARTINS, Ana Maria. *Manual de direito da União Europeia.* Coimbra: Almedina, 2012.

HABERMAS, Jürgen. *Um ensaio sobre a constituição da Europa.* Trad. Mirian Toldy e Teresa Toldy. Lisboa: Edições 70, 2012.

HANSEN, Holger. Sueldos de un euro a la hora en el "milagro" laboral alemán. *In: El Pais*, 9 fev. 2012.

HESPANHA, Antonio Manuel. *O caleidoscópio do direito:* o direito e a justiça nos dias e no mundo de hoje. Coimbra: Almedina, 2009.

HÖPNER, Martin. Political Answers to Judicial Problems? Europe after Viking, Laval and Rüffert. *In: Europe Trade Union Institute-REHS*, 2008.

INGRAVALLO, Ivan. La Corte di giustizia tra diritto di sciopero e libertà economiche fondamentali. Quale bilanciamento? *In:* VIMERCATI, Aurora (org.). *Il conflito sbilanciato — libertà economiche e autonomia colletiva tra ordinamento comunitario e ordinamenti nazionali.* Bari: Cacucci, 2009.

JUDT, Tony. *Pós-Guerra — História da Europa desde 1945.* Lisboa: Ed. 70, 2007.

KEUCHEYAN, Razmig. Uma Europa cada vez menos democrática. *In: Le Monde Diplomatique.* Edição brasileira, nov. 2012.

LASSANDARI, Alessandro. La Corte di Giustizia ed il sindacato. *In:* VIMERCATI, Aurora (org.). *Il conflito sbilanciato — libertà economiche e autonomia colletiva tra ordinamento comunitario e ordinamenti nazionali.* Bari: Cacucci, 2009.

LECCESE, Vito. Libertà di concorrenza e protezione sociale a confronto. Le clausole di favor e di non regresso nelle direttive sociali. *In: Working Papers* CSDLE Massimo D'Antona, Int. n. 35, 2005.

LOUÇÃ, Francisco. *A dividadura — Portugal na crise do euro.* Lisboa: Bertrand, 2012.

MADURO, Miguel Poiares. O Superavit Democrático Europeu. *In: A Constituição plural.* Constitucionalismo e União Europeia. Cascais: Prinicipia, 2006.

MAMEDE, Ricardo Paes. Neoliberalismo e crise do projecto europeu. *In: Le Monde Diplomatique.* Edição portuguesa, jul. 2007.

MARETTI, Simona. *Il recepimento della direttiva Cee sul distacco dei lavoratori*. [S. l.]: MGL, 2000.

MARQUES, Paulo. *Entre a estratégia de Lisboa e a Europa 2010 — Para onde caminha o modelo social europeu?* Cascais: Principia, 2011.

MARSH, Sarah. Sueldos de un euro a la hora en el "milagro laboral alemán". *In: El Pais*, 9 fev. 2012.

MARTINHO, Helena Gaspar. Critical Legal Studies/Tribunal de Justiça da União Europeia — Indeterminação do direito e activismo judicial. *In:* HESPANHA, Antonio Manuel (coord.) *Toeria da argumentação e neoconstitucionalismo:* um conjunto de perspectivas. Coimbra: Almedina, 2011.

MARTINS, Patricia Fragoso. Princípio do primado do direito da União. *In:* PAIS, Sofia Oliveira (coord.). *Princípios fundamentais de direito da União Europeia*. Coimbra: Almedina, 2011.

MATHIEU, Catherine. European Social Model(s) and Social Europe. *In:* <http://gesd.free.fr/wp200810.pdf>. Acesso em: 17 jan. 2012.

MIRANDA, Jorge. *Curso de Direito Internacional Público*. Cascais: (s. n.), 2008.

MONTI, Mario. Uma nova estratégia para o mercado único. Relatório apresentado ao presidente da Comissão Europeia, 9 maio 2010. *In:* <http://ec.europa.eu/bepa/pdf/monti_report_final_10_05_2010_pt.pdf>. Acesso em: 31 jan. 2013.

__________. *A democracia na Europa:* uma perspectiva de futuro. Trad. Maria Eduarda Colares. Lisboa: Presença, 2013.

MORATA, Francesc. Gobernanza multinivel em la Unión Europeia. *In: Anais do VII Congresso Internacional do Centro Latinoamericano de Administração para o Desenvolvimento — CLAD sobre a Reforma do Estado e da Administração Pública*, Lisboa, 8 a 11 out. 2002.

MORTÁGUA, Mariana. *A dividadura — Portugal na crise do euro*. Lisboa: Bertrand, 2012.

MOURA, José Barros. Direito do trabalho e integração econômica. *In: Questões Laborais*, Coimbra, n. 5, 1995.

NIVET, Batien. *Atlas das relações internacionais*. Coord. de Pascal Boniface. Lisboa: [s. n.], 2009. p. 110.

NOVAIS, Jorge Reis. *Direitos sociais — Teoria jurídica dos direitos sociais enquanto direitos fundamentais*. Coimbra: Coimbra Editora, 2010.

QUADROS, Fausto. *Direito da União Europeia*. Coimbra: [s. n.], 2009. p. 37-38.

PAIS, Sofia Oliveira. O Tratado de Lisboa e a renovação das instituições da União Europeia. *In: Cadernos "O Direito" — O Tratado de Lisboa*. Coimbra: Almedina, 2010.

__________. *Princípios fundamentais de direito da União Europeia*. Coimbra: Almedina, 2011.

PEREZ, Pilar Juárez. El desplaziamento de trabajadores efectuado em el marco de uma prestación de servicios: la incidência de la Directiva 96/71/CE em los convênios comunitários de Derecho Internacional Privado. *In: Relaciones Laborales*, 1999, I.

PENEDA, José A. Silva. *Modelo social europeu — Que futuro?* Porto: Porto Editora, 2008.

____________. Modelo social europeu e política social europeia. *In: Novo dicionário de termos europeu*. Lisboa: Aletheia, 2011.

PIÇARRA, Nuno; AMARAL, Diogo Freitas do. O Tratado de Lisboa e o princípio do primado do direito na União Europeia: uma "evolução na continuidade". 2003, p. 17-18. *In:* <http://www.fd.unl.pt/docentes_docs/ma/np_MA_7966.doc>.

PORTO, Manuel. O Tratado de Lisboa: a resposta adequada aos desafios da globalização? *In: Cadernos O Direito — Tratado de Lisboa*, Coimbra, Almedina, n. 5, p. 112, 2010.

RAMALHO, Maria do Rosário Palma. *Direito Social da União Europeia*. Coimbra: Almedina, 2009.

RIBEIRO, Manuel Almeida. *Introdução ao Direito Internacional Privado*. Coimbra: Almedina, 2009.

ROCCELLA, Massimo. L'unione europea fra neoliberismo e *dumping* sociale. In: <http://www.insightweb.it>. Acesso em: 29 abr. 2012.

RÖDL, Florian. La Corte di giustizia e il caso Rüffert: quali possibilità per um concorrenza 'non distorta' in matéria salariale nell'esperienza tedesca. *In:* VIMERCATI, Aurora (org.). *Il conflito sbilanciato — libertà economiche e autonomia colletiva tra ordinamento comunitario e ordinamenti nazionali*. Bari: Cacucci, 2009.

RODRIGUES, João. Neoliberalismo e crise do projecto europeu. *In: Le Monde Diplomatique*. Edição portuguesa, jul. 2007.

____________. Portugal e o neoliberalismo como intervencionismo de mercado. *In: Portugal e a Europa em crise:* para acabar com a economia de austeridade. Lisboa: Actual, 2011.

RODRIGUEZ-PIÑERO, Miguel. *El desplaziamento temporal de trabajadores y la Directiva 96/71/CE*. RL, 1999.

RÖNNMAR, Mia. Libera prestazione di servizi, diritto del lavoro e rapport colletivi di lavoro nell'esperienza svedese. Le implicazioni delle sentenze *Laval*, *Viking* e *Rüffert*. *In:* VIMERCATI, Aurora (org.). *Il conflito sbilanciato — libertà economiche e autonomia colletiva tra ordinamento comunitario e ordinamenti nazionali*. Bari: Cacucci, 2009.

SALVATORE, Dominick. *Introdução à Economia Internacional*. São Paulo: LTC, 2011. p. 125.

SANDE, Paulo. Princípio da atribuição. *In: Novo dicionário de termos europeus*. Lisboa: Aletheia, 2011.

SILVA, José Luis Moreira. Regulamento europeu e decisão europeia. *In: Novo dicionário de termos europeus*. Lisboa: Aletheia, 2011.

SILVA, Pedro Adão. O futuro da política social europeia: entre eficácia e normatividade. *In:* FERREIRA, Eduardo Paz (coord.). *25 anos na União Europeia — 125 reflexões*. Coimbra: Almedina, 2011.

SILVEIRA, Alessandra. *Princípios de direito da União Europeia*. Lisboa: *Quid Juris*, 2009.

SJÖBERG, Stefan. The European Welfare Models: Changes, Prospects and Strategies. *In: Transform! European Network for Alternative Thinking and Political Dialogue*. Disponível em: <http://www.transform-network.net>. Acesso em: 16 jan. 2012.

SOARES, Antonio Goucha. *A União Europeia*. Coimbra: Almedina, 2006.

____________. *A Carta dos Direitos Fundamentais da União Europeia*. Coimbra, 2002.

____________. O défice democrático da União Europeia: alguns problemas conexos. Análise Social. *In: Revista do Instituto de Ciências Sociais da Universidade de Lisboa*, XXXVII (1997).

STERDYNIAK, Henri. European Social Model(s) and Social Europe. *In:* <http://gesd.free.fr/wp200810.pdf>. Acesso em: 17 jan. 2012.

TELES, Miguel Galvão. Constituições dos Estados e eficácia interna do direito da União e da Comunidade Europeia — em particular sobre o art. 8º, n. 4, da Constituição portuguesa. *In: Estudos em homenagem ao professor doutor Marcello Caetano — no centenário do seu nascimento.* Coimbra: [s. n.], 2006.

TELES, Nuno. Portugal e o neoliberalismo como intervencionismo de mercado. *In: Portugal e a Europa em crise:* para acabar com a economia de austeridade. Lisboa: Actual, 2011.

TOLEDO FILHO, Manoel Carlos. Perspectivas para o processo do trabalho. *In: 16º Caderno de estudos sobre Processo e Direito do Trabalho.* Porto Alegre: Amatra-IV, 2011.

URIARTE, Oscar Ermida. *A flexibilidade.* São Paulo: LTr, 2002.

VALÉRIO, Nuno. *A história da União Europeia.* Lisboa: Presença, 2010.

VICENTE, Dário Moura. Destacamento internacional de trabalhadores. *In: Estudos em homenagem ao professor doutor Raúl Ventura.* II. Coimbra, 2003.